MARCOS BUENO LAIA LÓPEZ

TAYLOR SWIFT

Um diário swiftie

Tradução
Gabriela Colicigno

CB123209

2ª edição

Galera
RIO DE JANEIRO
2025

REVISÃO
Laís Curvão
Vitória Galindo

ILUSTRAÇÕES DE CAPA E MIOLO
Laia López

TÍTULO ORIGINAL
Taylor Swift: Un diario swiftie

CIP-BRASIL. CATALOGAÇÃO NA PUBLICAÇÃO
SINDICATO NACIONAL DOS EDITORES DE LIVROS, RJ

B943t Bueno, Marcos
Taylor Swift: um diário swiftie / Marcos Bueno ; ilustração Laia López ; tradução Gabriela Colicigno. - 2. ed. - Rio de Janeiro : Galera Record, 2025.

Tradução de: Taylor Swift : un diario swiftie
ISBN 978-65-5981-527-2

1. Swift, Taylor, 1989- - Diários. 2. Cantoras - Estados Unidos - Diários. I. López, Laia. II. Colicigno, Gabriela. III. Título.

24-91965 CDD: 782.42164092
CDU: 78.071.2:82-94

Meri Gleice Rodrigues de Souza - Bibliotecária - CRB-7/6439

Copyright © 2024 por
© Marcos Sánchez Bueno, pelo texto
© Laia López, pelas ilustrações
Título original: *Taylor Swift: Un diario swiftie*
Publicado originalmente por Penguin Random House Grupo Editorial S.A.U.
Os direitos desta tradução foram obtidos mediante acordo com IMC, Agencia Literaria S.L.
Todos os direitos reservados.
Proibida a reprodução, no todo ou em parte, através de quaisquer meios.
Os direitos morais dos autores foram assegurados.

Texto revisado segundo o Acordo Ortográfico da Língua Portuguesa de 1990.

Direitos exclusivos de publicação em língua portuguesa somente
para o Brasil adquiridos pela
EDITORA GALERA RECORD LTDA.
Rua Argentina, 120 – Rio de Janeiro, RJ - 20921-380 - Tel.: (21) 2585-2000,
que se reserva a propriedade literária desta tradução.
Impresso no Brasil

ISBN 978-65-5981-527-2

Seja um leitor preferencial Record.
Cadastre-se e receba informações sobre nossos
lançamentos e nossas promoções.

Atendimento e venda direta ao leitor:
sac@record.com.br

Marcos

Este livro é feito por e para os swifties, além de todas as pessoas que encontram na música um refúgio e uma forma de se conectar com a vida por meio de suas histórias.

Laia

Para todas as swifties que acompanham meu trabalho desde o Tumblr e puderam me ver crescer. E para Inés, a melhor pessoa e a maior fã de Taylor que conheço.

PRÓLOGO

Imagine que você está numa festa. Uma dessas que você acaba indo porque, se não fosse, sua melhor amiga ia aparecer na porta da sua casa e te arrastar até lá. E ela tem razão: foi uma semana complicada e você merece se divertir um pouco para se esquecer do mundo à sua volta. Relutante, você veste sua melhor roupa e sapatos confortáveis. Quem sabe não se anima e dança um pouquinho?

Ao chegar, reconhece alguns rostos, pessoas que vê todos os dias, gente com quem já topou caminhando pela cidade ou compartilhou alguns minutos no ônibus que pega todos os dias ao voltar para casa, depois de um dia cansativo. No entanto, não demora para perceber que não conhece ninguém de verdade. Sendo assim, para acalmar a sensação desagradável que **sobe pela cabeça deslizando como uma serpente** e faz com que se sinta fora de lugar, você não solta a mão da sua melhor amiga e tenta se **manter fora do caminho dos outros**. Ela prontamente te apresenta a um grupo de pessoas. São simpáticos, é claro, mas essa coisa de quebrar o gelo nunca foi seu forte. Assim, você se deixa levar pela situação: bebe uma coisinha com eles, presta atenção às conversas e força um sorriso de vez em quando, porque, apesar de tudo, não quer que pensem que você é chata. Acima de vocês, um **globo espelhado** gira devagar e ilumina a pista de dança, **todos vestidos em tons pastel** e os corações que vão terminar partidos antes do amanhecer.

Eis que algo inesperado muda o rumo da noite. O DJ coloca uma música nova e você reconhece a melodia instantaneamente. Essa base de guitarra que escuta há anos é inconfundível, assim como a voz divertida de uma garota que afirma que **nunca, nunca, nunca vai voltar com o ex. Igual a você.**

Nunca.

Sua expressão muda tanto que a pessoa ao seu lado — que provavelmente alguém te apresentou em algum momento, mas a ansiedade fez com que se esquecesse do nome — percebe seu entusiasmo e pergunta:

— Você gosta de Taylor Swift?

E é assim que tudo muda. Algo dentro de você diz que, depois dessa pergunta, virão muitas outras. E você vai querer conhecer mais essa pessoa que, até o momento, era uma completa desconhecida. **Porque uma faísca voou** e você sabe que, no que diz respeito a **essa primeira noite**, não pretende se separar dela. E essa sensação desconcertante começa a sumir e dar lugar a uma conexão instantânea, como quando era criança e aquele garoto vestido de pirata, que você conheceu no parque em uma **tarde de agosto**, estendeu a mão para prometer que vocês seriam melhores amigos.

Quando Taylor Swift aterrissou na cena musical, era difícil imaginar que um dia aquela garota da Pensilvânia com uma guitarra, sorriso largo e um vestido branco com um look ligeiramente recatado se tornaria, em poucas palavras, uma das figuras mais importantes da história.

Agora, com dezoito anos de indústria e dez álbuns de estúdio nas costas, centenas de prêmios e reconhecimentos a sua carreira, além da turnê de maior arrecadação da história da música até hoje, seria absurdo ignorar o fato de que Taylor Swift não só mudou o mercado, como a vida de milhões de pessoas.

Quem jurou lealdade a ela como se fosse uma rainha se chama de swiftie.

A indústria musical é uma das mais disputadas do mundo da arte. Por ela passaram centenas de figuras que deixaram uma marca no mundo todo com seu legado, como os Beatles, Freddie Mercury, Whitney Houston e Madonna. Falando do século XXI, a lista poderia se estender a outros ícones do pop que nos proporcionaram momentos inesquecíveis: Britney Spears, Kylie Minogue, Christina Aguilera, Beyoncé, Lady Gaga, Katy Perry ou Dua Lipa, entre tantas outras. Para qualquer um que acompanhe o gênero, é natural ver que todo artista que entra nessa carreira tem uma trajetória parecida, especialmente mulheres: começa com muita garra, vai ganhando terreno conforme as canções galgam as listas de mais vendidos, a exposição na mídia cresce — algumas artistas enfrentam gigantescos escândalos públicos que figuram em todas as manchetes de revistas de fofocas — e, de repente, os fãs acabam rotulando algum momento da trajetória dessa artista como a "época de ouro", um conceito que dita — de forma bastante injusta, se me permite dizer — que ela nunca voltará a fazer o mesmo sucesso, como se o público tirasse dela a possibilidade de encontrar uma maneira de superar a si mesma. Muitas vezes, depois de alcançar todo esse sucesso, a carreira pode tomar dois caminhos: a artista permanece presa no tempo ou vai lentamente perdendo a fidelidade dos fãs ao menor passo em falso, como uma foto polêmica, um álbum que não era tão bom quanto esperado, um show ao vivo que deixou a desejar... Qualquer desculpa serve para que ela seja descartada, como um brinquedo estragado.

No entanto, existe uma cantora que conseguiu escapar dessa maldição e é por isso que este livro chegou às suas mãos. O fenômeno **Taylor Swift** — me dou licença para chamá-la apenas de Taylor daqui para a frente — é uma anomalia, uma vez que sua carreira não se limitou a dar passos enormes entre um álbum e outro, o que a permitiu acumular milhões de vendas ou chegar a quase todos os cantos do planeta; é que, além disso, os swifties e Taylor compartilham algo que é diferente de outros fandoms, uma espécie de lealdade que parece inquebrável e que nem todo mundo entende.

Cada movimento que ela faz não é apenas observado com uma lupa, como conta com um apoio incondicional que, em vez de diminuir com o passar do tempo, ganha ainda mais força.

Gostaria de entender com vocês por que isso acontece. Em que momento uma loira da Pensilvânia que começou compondo músicas country a milhares de quilômetros de nossas casas conseguiu estar presente no dia a dia de seus seguidores? Como fez com que nos conectássemos com sua música, suas conquistas, sua vida pessoal? Onde está a chave para que uma artista seja capaz de se transformar em uma parte tão importante de nós, e por que nossa vida não seria a mesma se essa pessoa e sua arte não existissem?

Quero deixar evidente que este livro não é uma biografia de Taylor, porque todos estamos esperando que ela mesma a escreva, mas uma jornada pela sua carreira do ponto de vista de um **swiftie**, na qual explorarei nossa conexão ao longo de cada etapa.

E, mesmo que cada capítulo aborde uma de suas eras e álbuns de maneira cronológica, por sorte ou azar sou uma pessoa bem mais caótica, e o mais provável é que você encontre algumas referências ou *easter eggs* às outras eras ao longo do texto — não direi quantos são, mas desafio você a descobrir todos e marcá-los com seu marca-texto favorito, é claro — e que mencione detalhes discutidos mais à diante. No entanto, espero que possa me perdoar e, acima de tudo, que desfrute da viagem.

Ah, se por acaso algum swiftie desequilibrado decidiu te dar esse livro de presente achando que era uma boa ideia, mas você ainda não está a par de tudo sobre Taylor, espero que essas páginas te ajudem a entender um pouco melhor de onde nasce essa obsessão, as músicas que essa pessoa não para de cantar sempre que vocês estão juntos e por que ela gostaria tanto de ir a um show de Taylor com você.

Com isso, espero que, ao terminar de ler, tenha motivos suficientes para seguir mergulhando nesse universo fascinante e caótico.

Vamos lá, então?

Capítulo 1

Taylor Swift

I'm just a girl, trying to find a place in this — world —

If I had to take a guess and say the one thing that probably everybody in this stadium has in common, I think I would say that one thing would be... that we all like the feeling of finding something real.[1]

Taylor Swift antes de cantar "Delicate" na Reputation Stadium Tour.

[1] Se eu tivesse que adivinhar e dizer uma coisa que provavelmente todo mundo nesse estádio tem em comum, acho que diria que… todos nós gostamos do sentimento de encontrar algo que seja real.

Sentir-se sozinho é uma das coisas na vida com a qual demoramos a nos acostumar. Quando a gente é pequeno, passamos o tempo todo rodeado de pessoas: a família em casa, os colegas de escola ou o grupo de amigos com quem criamos lembranças que vão durar para sempre. De alguma maneira nos sentimos protegidos nesses círculos, mas cedo ou tarde essa bolha que consideramos sólida começa a perder os contornos e temos que aprender a viver por conta própria. E, mesmo que esse processo varie de pessoa para pessoa, é bom pensar que, sempre que fica um pouco mais difícil de viver no mundo, a arte pode nos acompanhar de todas as formas: mensagens que fluem pela nossa rotina como filmes que já sabemos de cor, frases de livros que nos emocionam ou músicas para as quais sempre voltamos, e que parecem expressar exatamente como nos sentimos — e algumas delas acabam na pele como tatuagens. Todas essas **mensagens que os artistas jogam no mundo dentro de uma garrafa** e que, com sorte, encontram alguém do outro lado disposto a escutar o que eles têm a dizer.

Acredito que, assim como você e eu, a Taylor mais jovem — a garota que fez as primeiras viagens pela estrada para Nashville em busca de um contrato de gravação que desse a ela a oportunidade de fazer sua carreira deslanchar — se sentiu assim em algum momento antes de lançar seu primeiro disco: sem saber o que surgiria a seguir.

Pessoalmente, agradeço ao mundo pelo momento em que Taylor entendeu que tinha nascido para contar histórias. Em 2006, depois de assinar com o pequeno selo Big Machine Records e se juntar à compositora Liz Rose — que, em vez de subestimá-la pela idade, deu a Taylor asas para criar as músicas como quisesse —, ela lançou ***Taylor Swift***, também apelidado de *Debut* por parte do fandom. Esse álbum poderia se chamar *Um violão e um sonho*, mas é compreensível que ela tenha preferido usar o próprio nome artístico como carta de apresentação ao público estadunidense. Mas como tudo isso aconteceu com uma jovem que, de cara, não tinha nada que a destacasse das outras?

Se olharmos mais de perto, o álbum é praticamente uma coleção de músicas em que uma adolescente abre as páginas de seu diário e acompanha cada palavra com melodias brincalhonas, arranjos de violino, acordes de piano e estruturas que bebem do trabalho de outros artistas country que a própria Taylor menciona como referência ao longo de sua carreira.

E, falando de referências, não é de se estranhar que seu primeiro single tenha sido **"Tim McGraw"**, uma música que fala de um garoto com quem Taylor teve um breve romance três verões antes e que ela espera que se lembre dela sempre que ouvir uma música do cantor Tim McGraw, uma lenda do country. Para quem ainda está esperando a Taylor's Version para se animar a ouvi-la — enquanto escrevo estas palavras, esse acontecimento histórico ainda está para acontecer —, vou contar que essa primeira música de Taylor traz, sem dúvida, sua essência como artista. É uma peça-chave de todo esse sucesso que nem todo mundo parece entender e que, na época, serviu como catapulta para a artista estreante vender mais de quarenta mil cópias de seu primeiro disco durante a primeira semana de lançamento nos Estados Unidos. Um número modesto que, um ano depois, chegaria a superar um milhão de cópias vendidas em seu país de origem. E não devemos esquecer que Taylor sempre se apresentou como uma artista que é tanto cantora quanto compositora, e é importante ter em mente esse conceito quando nos referirmos a ela para entender melhor o começo do que viria a se tornar um grande fenômeno.

Às vezes, quando uma música não consegue nos pegar na primeira vez que ouvimos, podemos recorrer aos videoclipes. Com a ajuda de um bom orçamento, uma estética atraente ou uma coreografia viciante, os clipes tentam dar um empurrãozinho para nos convencer a mudar de opinião, e nos vendem uma música que, de outra maneira, talvez nem prestaríamos atenção se tocasse na rádio — uma influência que agora parece ter ficado ultrapassada com o TikTok, onde as músicas tentam encontrar sucesso imediato por meio da viralização. No entanto, se em 2006 você assistisse ao clipe de **"Tim McGraw"** na MTV, a única coisa que daria para ver

eram imagens intercaladas de uma garota à beira de um lago com um rádio na mão e outras cenas dela com um garoto passeando juntos por uma paisagem rural. O que quero dizer é que não havia nada chamativo a nível visual, o clipe se resumia apenas a três minutos de uma garota chamada Taylor deitada no meio de um campo. Talvez a música chamasse atenção, a história contada pela adolescente através das lentes da própria experiência, semelhante a outros singles como **"Our Song"**, **"Picture to Burn"** ou **"Teardrops on my Guitar"**, mas nenhum desses clipes era algo de outro mundo. Precisavam de uma direção melhor ou de uma narrativa que realmente fosse interessante.

Abro parêntesis: **"Teardrops on my Guitar"** é MUITO BOA. Fecho parêntesis.

Por isso é importante termos a ideia de que Taylor nasceu sendo cantora e compositora, e não uma estrela do pop. De fato, até certo momento em sua carreira — do qual falaremos mais à frente — é muito provável que ela não tivesse a intenção de se transformar em uma estrela do pop, com tudo o que isso traz. Taylor estava mais no caminho de ser uma nova Faith Hill ou Dolly Parton — ou seja, a próxima voz feminina do country, um gênero no qual o *storytelling*, técnica de contar histórias por meio da arte, tem um peso enorme, enquanto sua produção tende a ser homogênea num nível geral, e ao qual são atribuídas conotações de caráter religioso ou espiritual. Era assim que ela era vista no começo: uma garota boazinha que cantava músicas para garotas boazinhas.

Sua faceta cantora e compositora é a que traz o conceito de realidade citado no trecho do início deste capítulo. Taylor sabe perfeitamente que o público busca em suas canções, para além de todos os enfeites, o coração das músicas e a sensação de verdade que as canções exalam e que, de alguma forma, seus fãs conseguem universalizar e ver-se refletidos nas letras.

As músicas do disco *Taylor Swift* são prova disso. Não estamos diante de um álbum de produção ambiciosa — ouvi-lo atualmente mostra isso —, nem em termos de habilidades vocais — Taylor já usava a voz como um instrumento para contar histórias, em vez de tentar alcançar notas impossíveis, e com o tempo foi dominando a técnica. Ainda assim, é fácil se apaixonar pelos romances imaginários que ela descreve com tantos detalhes — na verdade, a artista afirmou que muitas das histórias de amor das músicas desse primeiro disco não chegaram a acontecer, mas eram projeções de fantasias baseadas nas pessoas que a rodeavam —, romances verdadeiros que levaram a uma primeira desilusão, ou canções que nós, fãs, levamos para nossas próprias experiências. Sem nenhuma outra pretensão, o álbum retrata a realidade de uma adolescente, suas inquietudes e seus desejos, a vontade de encontrar um lugar no mundo como pessoa e como artista.

No entanto, antes de avançarmos mais um passo no tempo, há um detalhe que gostaria de comentar a respeito dessa era e como, desde o começo, isso mostra que a relação que Taylor queria criar com os fãs ia além de músicas. Se você pegar seu CD — não funciona com o vinil — e abrir o encarte, com a incrível sessão de fotos com um furgão e um primeiro layout dos *dedos dos pés dela*, vai notar algo curioso nas letras de cada uma das músicas. Algumas palavras aleatórias começando com letras maiúsculas soltas em lugares que não fazem sentido. Se você passar uma tarde juntando todas elas, vai encontrar mensagens secretas relacionadas a cada tema especialmente feitas para os fãs que pararam tudo para procurá-las. Em **"Picture to Burn"**, por exemplo, é possível encontrar a frase "Date nice boys" e em **"The Outside"**, uma música que Taylor escreveu aos doze anos falando sobre o sentimento de não se encaixar, vai achar "You are not alone", o que mexe demais com o coração de qualquer fã que esteja passando por uma situação parecida.

Esse gesto, que à primeira vista pode parecer um jogo insignificante ou infantil, não só encaixa perfeitamente com o que uma pessoa naquela idade faria, como, para os swifties, é um sinal de agradecimento por termos dado uma chance para sua música, por gastar o dinheiro guardado para comprar seu primeiro disco, e de investir nosso tempo em ler o encarte para aprender todas as músicas enquanto as ouvíamos.

Com isso, Taylor se colocou no mesmo nível que nós, comunicando-se de forma direta, e naturalmente criou uma sensação de cuidado com seus fãs em potencial, de que se preocupava em manter a lealdade da pessoa do outro lado das canções, em vez de dar por certa a confiança dos desconhecidos que pararam para escutar sua mensagem. Tudo isso sem saber que estava prestes a se tornar uma *superstar*.

Se o objetivo era que pensássemos nela **ao escutar o nome "Tim McGraw"**, acredito que qualquer swiftie esteja mais do que de acordo ao dizer que a missão foi cumprida.

Capítulo 2
Fearless

Even as an adult, I still have recurring flashbacks of sitting at lunch tables alone or hiding in a bathroom stall, or trying to make a new friend and being laughed at. [...] It's important to address our long-standing issues before we turn into the living embodiment of them.[2]

Taylor Swift em "30 Things I Learned Before Turning 30", para a revista *Elle*

[2] Mesmo adulta, ainda tenho flashbacks de me sentar para comer sozinha em uma mesa ou me esconder em um dos banheiros, ou quando tentava fazer amizade e riam de mim. [...] É importante abordar os problemas que nos acompanham desde sempre antes que nos tornemos a personificação deles.

It's a love story, baby, just say

YES

Para saber o que nos faz corajosos, primeiro devemos parar para pensar nas coisas que nos dão medo.

Ninguém pode dizer o momento exato, mas quando somos adolescentes parece que o mundo como conhecemos muda da noite para o dia. É como se esticasse, ficasse maior e mais complicado do que antes. Surgem novos lugares dos quais nunca ouvimos falar, situações que nunca tivemos que enfrentar e que, a partir de então, nos perseguem como se fossem nossa própria sombra. Começamos a identificar novos sentimentos que nem existiam um minuto atrás, mas são tão intensos que não sabemos como lidar com eles.

Crescer é um movimento, isso é inegável. Ainda mais quando ninguém te prepara de verdade para isso, porque há uma parte da realidade que os adultos escondem durante a infância e que um dia aparece na nossa porta sem pedir licença.

Quando somos crianças, é normal que nossos pais tentem nos proteger de tudo o que acontece além das paredes de casa, que tentem proporcionar — com maior ou menor sucesso — um ambiente propício para que possamos nos desenvolver e nos sentir seguros. No entanto, esse muro aparentemente intransponível enfraquece com o passar dos anos e chega o momento em que nós mesmos acabamos derrubando-o por conta das coisas novas que aparecem do outro lado e que acendem a faísca da curiosidade. Porque temos vontade de descobri-las, experimentá-las e explorar novas partes da nossa identidade, como se tais descobertas funcionassem como um escudo que vai nos ajudar a andar pelo mundo e com o qual aprenderemos a não ter medo do que está por vir.

Mesmo que a vida possa nos levar para caminhos diferentes, muitos começam no mesmo ponto de partida. Um lugar no qual nos damos conta de que as coisas

DEC
13
HAIM

mudaram para sempre e as regras não são mais as que conhecíamos. Nesse cenário, sentir que não nos encaixamos ali pode se tornar um dos nossos maiores medos. E, sim, estou falando da escola.

Fearless foi o primeiro grande lançamento internacional de Taylor, depois do sucesso do debut nos Estados Unidos, que superou qualquer expectativa que a gravadora tivesse no começo. Ao mesmo tempo, Taylor ainda tinha um longo caminho a percorrer, mesmo que ainda não tivesse consciência desse fato. Ela mesma nos confessa isso abrindo *Fearless* com uma canção homônima que diz: *"And I don't know how it gets better than this."*[3] Mesmo sem saber o que estava por vir, ficava evidente que Taylor continuaria olhando para a frente, de mãos dadas com quem a fizesse se sentir corajosa. Como você, por exemplo, que embarcava com ela em uma nova aventura, ou **que, talvez, se jogava pela primeira vez sem ter medo da queda.**

Porque era exatamente isto: é como se a gente viajasse com Taylor pela nossa adolescência, que parece ter sido compartilhada com ela devido às experiências refletidas em seus treze — não podia ser diferente, já que é o número favorito da cantora — principais temas.

Depois de especificar seu propósito, Taylor decide colocar como segunda música do álbum o que, de alguma forma, parece ser o ensinamento e o coração do disco — embora ela costumasse reservar a faixa cinco para as músicas mais especiais. Em **"Fifteen"**, percorremos pela primeira vez os corredores da nova escola, esperando passar despercebidos pelos outros — Taylor reconheceu em várias ocasiões que não era popular na época de escola, medo que a acompanhou pelos anos seguintes, como veremos mais à frente —, e conhecemos nossa futura melhor ami-

[3] "E eu não sei como as coisas podem ficar melhores que isso."

ga, Abigail Anderson. Ainda que Taylor seja muito reservada em relação à vida privada, se dermos uma olhada no clipe de **"Fifteen"**, veremos Abigail, uma das melhores amigas da artista desde 2003, cuja amizade nos rendeu alguns momentos valiosos que parecem que aconteceram conosco, como quando Taylor foi madrinha de casamento da amiga, em 2017. Para todos aqueles que se sentiam deslocados na escola, a imagem de Abigail no clipe trazia esperança, assim como saber que elas são realmente melhores amigas e que, como diz a música, haviam passado por aquilo juntas.

O que quero dizer com tudo isso é que, infelizmente, nem sempre a escola é uma boa experiência para todo mundo. No entanto, Taylor nos ensina nessa música — e em **"Change"**, que encerra a versão standard do álbum — que aquele era um lugar de transição, onde sabíamos que não ficaríamos por muito mais tempo, que nem sempre era legal, mas no qual também era possível encontrar pessoas que mudariam nossa vida para sempre. E que é importante ficar do lado delas, pois são as pessoas que vão continuar conosco depois daquele primeiro beijo equivocado ou daquela **fantasia do príncipe que vem te resgatar montado em um cavalo branco**, e que, parando para pensar, não envelheceu muito bem. E como dizem que uma imagem vale mais do que mil palavras, essa ideia fica ainda mais nítida nos últimos segundos do clipe de **"Fifteen"**, quando vemos Taylor em frente à entrada de uma escola fazendo contato visual com uma adolescente mais jovem que ela no que parece ser o primeiro dia de aula. Uma garota que poderia ser qualquer uma de nós. Como se fosse sua maneira de dizer: "Agora é a sua vez e você vai se sair bem."

Dramas escolares à parte, sabemos que em *Fearless*, e em quase todos os discos de Taylor, também há momentos de falar de amor — **mais de vinte e sete segundos, desde já** — já que esse é o tema que mais parece fascinar nossa loirinha favorita. E se antes foi dito que é importante conhecer as coisas que nos dão medo para nos tornarmos corajosos, no prólogo desse álbum Taylor deixa muito evidente que, pelo menos para ela, ter medo ou inseguranças, errar... todas essas coisas que a princípio são vistas como fraquezas são as que nos tornam pessoas corajosas. Por isso, ela nos encoraja a correr riscos e enfrentar situações desconhecidas, das quais podemos tirar novos aprendizados.

E, é óbvio, o amor não era uma exceção.

Porque em 2008 — e, que coisa, também nos dias de hoje — vivemos as músicas de amor de *Fearless* como bons swifties: dramática e intensamente. De que outra forma poderíamos fazer isso, afinal? Porque em **"Love Story"** — uma das melhores canções de amor do século XXI, não aceito objeção — Taylor nos fez acreditar que o amor é como um filme, e que Romeu apareceria a qualquer momento para nos pedir em casamento aos dezesseis anos — agora que escrevi isso, no que estávamos pensando? Também nos fez acreditar que éramos bons o suficiente para fazer com que o crush da época nos notasse e nos escolhesse no meio de todos os pretendentes, como na música meio boba, mas sempre divertida, **"Hey Stephen"**. E, é óbvio, entendemos que não era necessário ser líder de torcida para ir ao baile de formatura com alguém de quem que gostávamos — algo que, sendo uma pessoa que cresceu em um bairro humilde de Madri, não era muito comum na época —, como no clipe de **"You Belong With Me"**. Outro aspecto ainda mais legal de se revisitar nas Taylor's Versions, treze anos depois do lançamento original, é poder lembrar nitidamente o que nos prendia a essas músicas: a ideia ingênua do amor por alguém que tinha acabado de mergulhar nele pela primeira vez, com tudo o que o sentimento implica. Como não entendíamos que, na escola, nem sempre as pessoas cumprem as promessas de que as coisas vão ser para sempre (**"Forever & Always"**), que não precisamos ouvir as explicações de quem não nos trata como merecemos (**"Tell Me Why"**), ou que não precisamos perdoar quem nos "pede desculpas" vezes demais (**"You're Not Sorry"**).

Com a música de Taylor, começamos a construir um imaginário a respeito de relações que, como veremos ao longo do livro, foi mudando e ganhando novas nuances.

Porque quando se é jovem, é fácil aceitar qualquer migalha de afeto das pessoas que consideramos fora de alcance e que nos fazem sentir sortudos demais quando nos olham nos olhos.

Pessoas como o cara que Taylor menciona em **"White Horse"**, especialistas em nos fazer sentir **borboletas no estômago para depois transformá-las em pó**. Ao menos, para o alívio de todos, vamos ver à frente que o amor é diferente do que sonhávamos aos dezesseis anos.

Não quero encerrar este capítulo antes de mencionar uma última canção de amor que talvez não tenha tanto a ver com amor romântico, mas que retoma um tema abordado em *Taylor Swift*, álbum de estreia. Uma música que, em retrospecto, é imprescindível para entender os anos da era ***Fearless***. Quando somos jovens, nossos pais tratam de nos proteger porque temem que a gente se machuque ou dê de cara com o fato de que a vida, na verdade, não é tão gentil quando acreditávamos. No entanto, chega uma hora que eles não podem estar com a gente todas as vezes que cairmos, ou durante as aulas, ou cada vez que é preciso enfrentar um problema por conta própria, e sentimos falta daquela bolha de segurança. Apesar disso, ao chegar a **"The Best Day"** — que provavelmente não é uma das músicas mais populares do álbum, mas talvez seja uma das mais bonitas —, temos uma sensação reconfortante ao ouvir Taylor dedicar palavras de agradecimento à mãe, Andrea, por estar ao lado dela sempre que precisou; uma lembrança de que a família é um desses temas que inevitavelmente nos toca e conecta todos ao mesmo tempo.

Porque, ainda que às vezes a gente acredite que pode dar conta de tudo, voltar para casa e repor as energias depois de um dia longo é uma sensação tão reconfortante quanto escutar essa canção.

E essa também é uma lição importante dessa era: não devemos nos esquecer de onde viemos, mesmo que escolhamos seguir por outro caminho.

And I don't know why,
but with you I'd dance
in a storm in my best dress
FEARLESS

Capítulo 3

Speak Now

I wanted to get better, to challenge myself, and to build on my skills as a writer, an artist, and a performer. I didn't want to just be handed respect and acceptance in my field. I wanted to earn it.[4]

Taylor Swift no prólogo de *Speak Now (Taylor's Version)*

[4] Queria me aperfeiçoar, me desafiar e trabalhar minhas habilidades como escritora, artista e cantora. Não queria apenas ser respeitada e aceita na minha área porque sim. Queria merecer isso.

I'll spend forever wondering if you knew I was

★ ENCHANTED ★

to meet you.

Algumas experiências nos marcam para sempre, aqueles momentos especiais que gostamos de revisitar de vez em quando para recriar as cenas na cabeça como se fossem parte de nosso filme preferido. Fechamos os olhos e tentamos visualizar as pessoas que estavam ao nosso redor, lembrar os aromas e detalhes que nos levem a esse lugar, como a música que tocava ou o reflexo **das luzes da cidade sobre a água**. Resgatar essas memórias nos passa segurança, é reconfortante quando precisamos e ajuda a reafirmar que tudo não foi apenas um sonho.

Outras vezes, buscamos as lembranças para alterá-las na imaginação, talvez tomando uma decisão diferente da que tivemos coragem para tomar na vida real. Reinventamos a memória e, ao fazer isso, adicionamos detalhes, como **as palavras que não dissemos àquela pessoa antes de nos despedir e voltar para casa com as bochechas coradas**. Porque, desse modo, podemos explorar outro caminho. Um que não chegamos a percorrer. Um que nos levaria a outra decisão.

E, da mesma forma, há outros momentos que nos marcam. Às vezes, sem que tenhamos a oportunidade de fugir. Ficam presos na nossa cabeça, alguns por muito mais tempo do que gostaríamos. E, embora possamos pensar que estão esquecidos, voltam à tona quando menos esperamos.

Para começar a falar desta era, é importante mencionar rapidamente um fatídico episódio mais antigo que ajuda a dar contexto para o lançamento de *Speak Now*. Estou me referindo à noite histórica de 2009 na qual Taylor ganhou o prêmio de **Melhor Videoclipe Feminino nos Video Music Awards** por "You Belong With Me", concorrendo com outras artistas consagradas como Beyoncé, P!nk e Lady Gaga. Do nada, o rapper Kanye West apareceu no palco com uma atitude debochada para tirar o microfone das mãos dela e dizer publicamente que Taylor não merecia ganhar e que o prêmio deveria ter ido para Beyoncé, que terminaria a noite com o prêmio de Melhor Clipe do Ano com "Single Ladies".

Imagina só, você leva anos para transformar um sonho em realidade, dedica tempo e faz sacrifícios para seguir em frente, para que alguém maior que você, e que inclusive você podia admirar, decida te humilhar ao vivo e diante de milhões de espectadores. Acrescente o detalhe de que você tem apenas dezenove anos, e que fica paralisada porque pensa que as vaias são de apoio às palavras ditas pelo

indivíduo em questão. Por maior que seja sua confiança em si mesma, é difícil acreditar que esse acontecimento não vá te afetar de jeito nenhum, principalmente quando você nem mesmo sabe como reagir e todo mundo fica esperando pela sua reação.

Infelizmente, existem muitas pessoas assim no mundo e, ao encontrá-las, você vai descobrir que os monstros que se escondiam debaixo da cama não desaparecem quando a gente cresce, apenas mudam de forma. E, lembre-se, **eles podem ser maiores, mas você será mais rápida e não terá medo de enfrentá-los.**

O fato de Taylor ter ganhado tanta popularidade depois do lançamento de *Fearless* e da respectiva turnê causou um efeito colateral inevitável: o crescimento do número de haters. Imagino que algumas pessoas tenham se incomodado ao ver uma garota de apenas vinte anos na lista de mais vendidos e ganhando prêmios por músicas sobre amores e desamores inspiradas nos próprios relacionamentos e nas páginas de seu diário, além de conseguir se conectar com uma geração de jovens através de suas letras.

Essa última parte me chamou atenção de forma especial quando uma vez me perguntaram: "Por que você acha que Taylor Swift é, hoje, a voz de uma geração?" Não sei se há uma resposta certa para isso, mas sei que os jovens frequentemente não são levados a sério. Por conta disso, nossos sentimentos e ideias a respeito do mundo e tudo o que nos rodeia são invalidados, como se não fossem tão importantes simplesmente por termos menos tempo de vida neste planeta. Quando você perde uma amizade pela primeira vez, dizem que "é normal" e que "é muito difícil que uma amizade da escola dure até a idade adulta". Quando nosso amor não é correspondido, escutamos que "vai ser assim mesmo várias vezes, não é para tanto". Inclusive, se em um primeiro emprego o chefe faz da nossa vida impossível, temos que nos conformar com um "faz parte, o que você esperava?". E não é nem questão de cinismo, sabemos que não se nasce com todo o conhecimento do mundo e que, conforme os anos passam, é possível relativizar e aprender com as situações que a vida traz. No entanto, **swifties** acreditam que as letras da Taylor são como a Bíblia

Sagrada, porque ela, em vez de nos oferecer apenas um tapinha nas costas, já passou por tudo isso e não vai nos julgar. Ela abriu seu diário no primeiro disco, depois foi conosco para a escola e falou de tudo o que a preocupava naquela época como uma amiga conversando no recreio.

Desde o começo, ela soube transmitir que nossos sentimentos eram válidos. Também afobados, ingênuos e às vezes não muito cuidadosos, mas tão válidos quanto os de qualquer outra pessoa. E, conforme crescemos, ela se encarregou de escrever as músicas que se tornariam mantras.

A verdade é que, quando alguns cantores e compositores famosos reconheceram o valor que Taylor trazia para a indústria musical como compositora — como **Bruce Springsteen**, que inclusive segue falando isso abertamente até hoje —, começou a ficar ridículo que os haters e parte da imprensa seguisse desacreditando o trabalho de **Taylor** e focando nos relacionamentos do passado dela. Durante essa época, era difícil ler — não apenas como swiftie, mas como pessoa com o mínimo de noção — centenas de manchetes, revistas e artigos de blogs que se dedicavam a enumerar cada um dos relacionamentos de Taylor ao longo da carreira. Eles a transformavam em uma espécie de devoradora de homens que usava os ex-namorados apenas para escrever músicas, sem nem reparar no que ela dizia a respeito das experiências, nem na atenção aos detalhes que ela colocava nas letras, ou em como narrava uma história cativante de forma natural; o que, no fim das contas, era o que fazia dela uma compositora de projeção internacional.

É evidente que essa visão machista e retrógrada da imprensa é algo que milhares de artistas, da geração de Taylor ou não, tiveram que enfrentar ao longo da carreira: Miley Cyrus foi duramente criticada na era *Bangerz* por mostrar a língua e aparecer praticamente nua sobre uma bola de demolição; Britney Spears sofreu uma das perseguições midiáticas mais horríveis da história da música, e Madonna — a artista mais influente do pop até hoje — teve que se manter firme a cada passo dado em sua carreira apenas por reivindicar os valores que fundamentam suas músicas. Para um fã, ver a artista favorita ser atacada publicamente é um sacrilégio, e cria uma necessidade imediata de protegê-la a todo custo. Como se, de alguma forma, ao criticar de maneira irracional as músicas, sua figura ou decisões tomadas ao longo da carreira, a crítica também se estendesse automaticamente aos fãs, por conta da conexão entre a artista e seu público: "Essa cantora que é tão importante para mim, essa música que me trouxe um refúgio no dia a dia, não são todas essas coisas que você diz."

Independentemente de parecer racional ou não para outras pessoas, creio que seja importante sinalizar que existe uma linha entre a realidade e a ficção cujo traço não é constante ao manter uma relação tão especial com uma artista, ao se alimentar de sua arte. Para a pessoa fã, a segurança da artista, seu estado de espírito e sua conta bancária devem estar em ótimas condições para evitar que, por exemplo, deixe de fazer músicas e essa conexão corra o risco de desaparecer. E também acho que é prudente dizer que **swifties não conhecem Taylor de verdade**, por mais que escutem suas músicas ou leiam suas declarações em revistas ou redes sociais; nem mesmo quem teve o privilégio de visitar rapidamente o backstage dos shows ou quem recebeu convite para fazer biscoitos com ela (falaremos das *secret sessions* mais para a frente). Taylor, do mesmo modo que

se apresenta nos palcos, é uma pessoa normal, como eu e você — quer dizer, tirando a questão de ser bilionária, mas aí é um *pequeno detalhe* —, e a melhor forma de manter uma relação saudável é estabelecer certa distância, como o espaço que separa você da artista em um show. A própria Taylor falou disso com Brendon Urie no documentário **Miss Americana**: *There's a difference between 'I really connect with your lyrics' and 'I'm going to break in.'*"[5]

De qualquer forma, e apesar das sombras que acompanharam as luzes do sucesso, foi em *Speak Now* que aquela menina sonhadora conseguiu conquistar os nossos corações tendo um desafio importante à sua frente. Pela primeira vez na carreira, Taylor decidiu tirar o cinto de segurança e animou-se a escrever um álbum inteiro sozinha, sem os colaboradores de sempre. Mesmo que parte dele tenha sido escrito durante a turnê de *Fearless* e, segundo a artista, com tempo apenas para organizar sessões de composição com outras pessoas, é evidente que esse álbum não era apenas mais um trabalho em sua discografia: diante das críticas constantes à vida pessoal e o atrito com Kanye West em 2009, era hora de mostrar a que viera.

> E assim, no terceiro disco, a Taylor nos ofereceu uma aula de composição, uma coleção de músicas que mostrava sua vontade de encontrar o caminho pela maturidade, enquanto deixava sua habilidade evidente para todos que duvidavam de seu talento.

Mesmo que não se trate de um álbum resposta — diferente de *reputation*, ao qual chegaremos em breve —, se observarmos *Speak Now* com certa perspectiva, podemos ver uma Taylor que buscou novos limites para ultrapassar e crescer como artista e, com isso, calar algumas bocas.

Quando uma estrela do pop inicia a carreira muito nova e, depois de alguns álbuns, quer mostrar publicamente que amadureceu e não é mais uma adolescente, um dos temas mais explorados é a sexualidade e sensualidade através da música e da própria imagem, como mais uma forma de expressão artística. No entanto, é curioso que Taylor não brinque com essa ideia neste momento, apenas anos depois

[5] "Existe uma diferença entre 'Me identifico com suas letras' e 'Vou invadir a sua casa.'"

— naquela época, sua discografia continuou a cultivar a imagem de garota boazinha para o público e ela evitava, por exemplo, compartilhar sua opinião política em entrevistas e meios de comunicação. Por outro lado, Taylor decidiu enfrentar ao início da idade adulta de maneira diferente para uma figura que crescia cada vez mais na cultura pop: em *Speak Now* encontramos, sem dúvida, as melhores letras que ela havia escrito e lançado até o momento, e Taylor deixou evidente que havia, de fato, crescido e se voltado por completo para compor essas músicas sozinha. Nelas, explorou temas novos que ainda não havíamos visto: agradeceu pelo fim de uma relação, da qual se lembrava com carinho (**"Mine"**), pela primeira vez pediu desculpas a uma pessoa a quem havia machucado (**"Back To December"**), compôs uma canção de ninar para dizer a um recém-nascido a importância de aproveitar a juventude antes de crescer (**"Never Grow Up"**), e tratou de encerrar o ciclo que começara em 2009 com Kanye West (**"Innocent"**). Essa última música foi um exercício de contenção no qual, em vez de se vingar cruelmente — como, sejamos honestos, ela havia feito com um ex-namorado na controversa **"Better Than Revenge"** —, Taylor mostrava compaixão sem faltar o respeito, agindo como um adulto que educa uma criança pequena que fez uma coisa ruim — apesar de Taylor ser doze anos mais nova que ele.

Além de todas as novas perspectivas, *Speak Now* trouxe algumas das músicas mais longas de toda a carreira de Taylor — **"Dear John"** e **"Last Kiss"** passam de seis minutos de duração, e até hoje são algumas das mais extensas da cantora —, e isso pareceu contraproducente vindo de uma artista que acabara de conquistar um público maior e que pretendia tocar nas rádios do mundo todo, geralmente acostumadas, na época, a músicas de três minutos e meio ou menos. No entanto, Taylor continuava apenas educando os swifties no caminho que queria seguir construindo com sua música, ao mesmo tempo em que mantinha sua integridade como artista intacta, explorava sua obra e evitava cair nas tendências do momento.

É evidente que, apesar disso tudo, Taylor não ganhou todas as batalhas. De fato, e talvez nem todos se lembrem, esse disco teria outro título, mas Scott Borchetta — antigo dono da Big Machine Records — aconselhou que ela trocasse para que o público geral não o considerasse infantil e evitasse dar uma oportunidade às músicas. *Speak Now* teria o nome da pedra angular contida no âmago do álbum, que constrói um som que se impregna de alguma forma ao resto das canções e que, coincidentemente, foi a única incluída originalmente no setlist da The Eras Tour: **"Enchanted."** E qualquer swiftie diria que é mais ou menos assim que se sentiu ao terminar o álbum:

> *Taylor inunda cada pedacinho do disco com melodias que conseguem te enfeitiçar e arrastar para o interior de um conto de fadas do qual você não quer sair, uma sensação que ela também soube levar à turnê promocional Speak Now World Tour, onde os castelos, as princesas e os bosques encantados eram elementos imprescindíveis.*

Mas todos os contos de fadas têm um final, e o deste álbum é a monumental **"Long Live"**, uma canção na qual Taylor expressa seu agradecimento por tudo o que conseguiu graças aos fãs que permaneceram ao seu lado, por seguirmos crescendo com ela. E, ao mesmo tempo, diz que esperava que seguíssemos a acompanhando no futuro, além de nos pedir que, se viéssemos a ter filhos, mostrássemos as músicas dela a eles, como um legado que a conectaria diretamente com outras gerações com o passar do tempo.

Quem diria que era exatamente isso que aconteceria alguns anos depois?

Capítulo 4

Red

It was rare,
I was there.
I remember it
ALL TOO WELL

I think the reason why I write a lot of songs about the past is because I think sometimes you try to find a lesson in something and maybe it'll help you forget the things that you remember all too well.[6]

Taylor Swift antes de cantar "All Too Well" na Red Tour

[6] Acho que escrevo muitas músicas sobre o passado porque acredito que, às vezes, você tenta encontrar uma lição em algo que já passou e isso ajuda a esquecer as coisas das quais você se lembra bem demais.

Como se cura um coração partido? Sei que muitos dos leitores deste livro já se fizeram essa pergunta pelo menos uma vez na vida. E, sendo assim, imagino que pelo menos uma vez também já tiveram o coração partido.

Sem problemas, é um clube bastante frequentado e tem lugar para todo mundo.

Acho que é impossível se preparar para um momento assim. Principalmente na primeira vez, quando não é simplesmente alguém com quem compartilhou algumas noites rápidas e te deu *ghosting* na primeira oportunidade. Falo de quando você se conecta de verdade com alguém, acredita que seria lindo construir algo a partir disso, e parece inexplicavelmente fácil colocar todas as expectativas nas mãos da outra pessoa, mesmo que ela acabe brincando com suas esperanças e depois as deixe cair no chão sem se importar com as consequências.

Os primeiros desencantos amorosos tocam fundo na alma. O amor é um **labirinto** complexo e é fácil se perder, mas cedo ou tarde esquecemos dos primeiros passos em falso.

No entanto, quando uma pessoa parte seu coração é diferente. O labirinto parece maior e mais cruel, e você fica tão preso que tem a impressão de que nunca vai conseguir sair dele.

Inevitavelmente, você fica vulnerável. Porque isso passa a sensação de que a outra pessoa está no controle, que ele ou ela é quem decide pelos dois. E essa outra pessoa se dá bem com jogos sem regras, parece mais velha e mais "sábia" que você e está disposta a dar um passo para trás sem você, te deixando largado, sem se importar em te ajudar a se levantar. Já comentei que nós, swifties, somos um pouco dramáticos, certo?

Quando partem seu coração, é como se esse instante ficasse na memória por mais tempo do que gostaria, como se você entrasse em um restaurante e ficasse sentado ali, congelado no tempo, pensando em como as coisas deveriam ter acontecido, mas não aconteceram. Assim como se observasse uma onda se formar, cres-

cendo e crescendo até se tornar tão grande que pode destruir tudo o que encontrar, e você não é capaz de escapar a tempo.

Fica difícil responder à pergunta de como curar um coração partido, não? De fato, cada um sara do próprio jeito, no próprio ritmo e de acordo com as circunstâncias pessoais. No entanto, caso aconteça com você, meu conselho é ouvir ***Red (Taylor's Version)*** — se possível, em looping — para ajudar você a reunir a força necessária, recolher os pedacinhos do coração e aprender a juntá-los outra vez.

Diante do sucesso dos trabalhos anteriores, antes de embarcar na era de *Red*, nossa loirinha favorita se via presa entre dois mundos. Por um lado, tinha que agradar um público que a acolhera de braços abertos com uma fórmula musical que parecia funcionar à perfeição — suas melodias country-pop e sua postura como cantora e compositora focada principalmente no público adolescente. Por outro, também tinha que agradar a uma gravadora conservadora, que acreditava em cifras exponenciais graças ao sucesso de Taylor até o momento. Porém, como vimos, tanto a Big Machine Records quanto a própria equipe da artista haviam se encarregado de apresentá-la como uma espécie de *queridinha da América*, ou seja, um modelo a ser seguido pelas meninas e adolescentes que consumiam suas músicas. É aqui que tudo isso começa a entrar em atrito com a evolução natural que Taylor parecia ter em mente, já que queria ampliar seus horizontes musicais e começava a deixar evidente seu desejo por experimentar as melodias e sua imagem, tratando de dar um passo além dos limites de carreira que sua gravadora queria colocar.

Red, como veremos a seguir, foi o experimento que a ajudou a chegar aonde queria, um lugar de confluência de algumas das letras e melodias mais melancólicas de toda a sua carreira: com os violões, baterias e pianos, e todos os instrumentos que foram essenciais nos álbuns anteriores, mas também com espaço para a diversão, com um pouco de dubstep, codificador de voz e outros efeitos mais *mainstream* que já tínhamos ouvido em suas músicas. Se observarmos bem, os nomes de duas figuras suecas aparecem primeiro nos créditos, imprescindíveis para entender o panorama da música pop contemporânea: Max Martin e Shellback — que trabalharam com todas as estrelas do pop possíveis e imagináveis, e que ajudaram a consolidar o som de dubstep tão marcante desde o começo dos anos 2010 em artistas como Britney Spears, Kesha e Nicki Minaj. Esses dois produtores também ajudaram Taylor a dar forma a três músicas que se destacaram das demais, pelo menos até aquele momento — "We Are Never Ever Getting Back Together", "I Knew You Were Trouble" e "22" —, e que serviram como uma semente da direção que Taylor tomaria no futuro, uma era após aquela.

Uma das críticas mais constantes a esse disco é que, musicalmente, ele não é tão coerente. Com o risco de parecer advogado do diabo, é verdade que a versão padrão de ***Red*** tem dezesseis músicas bem diferentes entre si, misturando o pop comercial com outras mais country no estilo Taylor Swift, com guinadas do folk e baladas produzidas com poucos instrumentos. Porém, sempre defendi a produção da seguinte maneira: "Por acaso importa tanto ser coerente em um álbum cujo DNA é revisitar aspectos de uma relação tóxica?"

Porque Red, em grande parte do coração do disco, é isso: uma fotografia de uma etapa da vida em que tudo fica acelerado, instável e cheio de pressão. É um retrato de quando o amor chega de surpresa, sem pedir permissão, e entra em sua vida para te deixar caidinho pela pessoa que é problema.

MENU
22

Fazendo jus ao título, Taylor dedica parte do prólogo do projeto à cor vermelha, a qual ela relaciona a um tipo de amor tão intenso quanto efêmero e nocivo, repleto de emoções fortes. E, embora entendamos mais tarde que o amor de verdade é mais parecido com **a cor da luz do sol**, é impossível enxergar isso quando se perde em um bosque que parecia lindo do lado de fora, mas que acaba sendo assustador ao adentrar.

É por isso que ***Red***, um dos álbuns mais pessoais da carreira da cantora, conseguiu ganhar um lugar especial no coração dos swifties — a quem, pelo que parece, o amor acaba sendo tão complicado quanto para a própria Taylor. Porque, apesar de não ter sido sua era de maior sucesso comercial, ou de tanto reconhecimento público quanto outros discos — em breve falaremos da fatídica noite do Grammy que mora sem pagar aluguel nos pesadelos de qualquer fã —, é um de seus trabalhos mais especiais. Um álbum com estrutura circular: começa com **"State of Grace"**, aquele momento em que você encontra alguém inesperado, com quem é possível tirar a armadura de todos os dias, usada para evitar qualquer ferida, e quem, para o bem ou para o mal, você sabe que vai te mudar para sempre, e termina com a delicada e adorável **"Begin Again"**, para quando pensamos que não sobraram mais lágrimas a derramar e, na verdade, sobraram mais algumas, sim, na qual Taylor nos ensina que a dor do coração partido pode sarar com o tempo e que, quando você está preparado para voltar a apostar no amor, encontrará mais gente do lado de fora esperando para te conhecer.

E no meio disso temos altos e baixos, como em qualquer relação fadada ao desastre. Taylor retrata perfeitamente o instante em que você percebe que a pessoa que está na sua frente pode não te fazer bem e, mesmo assim, ainda se permite desfrutar e se joga em sua teia (**"Treacherous"**, ou, como gosto de chamar, "a menina dos meus olhos"); ou quando você quase comete o absurdo de pegar o telefone e dar uma segunda chance a algo que não tem conserto, mas graças a Deus não dá cabo ao plano (**"I Almost Do"**); o perigoso transe no qual mergulhamos depois de um término, revisitando conversas e momentos anteriores como uma espiral (**"Sad Beautiful Tragic"**), ou quando você está tentando superar tudo, mas não consegue encarar (**"Holy Ground"**). E, mesmo que pareça que estou falando do disco mais triste do mundo, nem tudo nessa viagem são lágrimas, claro: *Red* também traz momentos muito divertidos. Quem não quis mandar um ex à merda com **"We Are Never Ever Getting Back Together"**, ou lá no fundo não agradeceu pelos amigos que viraram família e comemoraram **"22"** com você, e que te fazem sentir que tudo está bem quando estão juntos? Porque isso também é parte do processo de cura, e eles são luz em um momento difícil de ser atravessado sozinho.

Por esses motivos, e por outros pessoais a cada swiftie, *Red* é um álbum muito especial.

Porque um disco que poderia ser apenas uma cantora falando de histórias de amor que deram errado acaba parecendo mais com aquela amiga que fica ao seu lado para segurar sua mão, sem te julgar, enquanto você chora no quarto.

Parando para pensar, a música é isso: uma das poucas coisas que permitimos estar conosco quando queremos ficar sozinhos, e mais fácil de escutar do que os conselhos das outras pessoas para seguirmos em frente. Nessa *conexão* tão íntima está o segredo que faz com que seja natural se projetar em Taylor e entender perfeitamente todos os momentos em que ela diz "esta é a última vez que deixo você entrar" antes de fechar a porta a alguém que não merecia mais estar com ela (**"The Last Time"**), ou quando telefonaram para terminar com ela como se quebra uma promessa (**"All Too Well"**, o coração do álbum e uma das músicas que mais a caracterizaram como compositora e dissecadora de relações interpessoais, e que cria um autêntico filme na sua cabeça em apenas cinco minutos — ou dez, na versão estendida).

Porque nós, cada um à sua maneira, também vivemos algumas dessas experiências que Taylor traz no álbum — o que talvez seja um pouco preocupante — e foi assim que nossa empatia pelas canções e pela própria Taylor continuou a aumentar, como nas eras anteriores.

Mas dessa vez ela gerou um vínculo que, pessoalmente, poucas vezes estabeleci com outro álbum em minha vida.

Sendo assim, se algum dia alguém partir seu coração, lembre-se que ***Red*** vai te acompanhar para fechar as feridas abertas e, no fim do túnel, você poderá ver tudo com distanciamento, levantar-se e voltar a dançar sem essa pessoa, como se você fosse feito da **luz das estrelas**.

1989

Capítulo 5
1989

We are all literary chameleons and I think it's fascinating. It's just a continuation of the idea that we are so many things, all the time. And I know it can be really overwhelming figuring out who to be, and when. Who you are now and how to act in order to get where you want to go. I have some good news: It's totally up to you. I also have some terrifying news: It's totally up to you.[7]

Taylor Swift na cerimônia de formatura da Universidade de Nova York em 2022

[7] Todos somos camaleões literários e eu acho isso fascinante. É a continuação da ideia de que somos tantas coisas, o tempo todo. E sei que pode ser muito difícil descobrir quem ser e quando sê-lo. Quem você é agora e como agir para chegar aonde deseja. Tenho boas notícias: depende totalmente de você. Também tenho uma notícia assustadora: depende totalmente de você.

BABY WE'RE THE NEW ROMANTICS

the best people in life are free

Novos começos sempre são emocionantes, não acha? Quando sabemos que chegou a hora de caminhar a passos firmes por um terreno desconhecido, descobrir novas oportunidades que podem mudar nossa vida e, talvez, nos façam tomar uma direção não planejada e que trará grandes aprendizados. Mas nem tudo são fogos de artifício, claro. É normal não querer receber os novos começos de braços abertos, porque, apesar de promissores, eles podem também ser assustadores: por exemplo, perceber que o curso escolhido não é o que gostamos, ou que o trabalho dos sonhos, para o qual nos preparamos por anos com muitos sacrifícios, não cumpre as expectativas e é melhor abandoná-lo — só que agora você precisa economizar ou tem um aluguel para pagar que não comporta crises existenciais. E, quem sabe, o relacionamento, que teve tanto carinho e cuidado porque era para durar para sempre acabou, e é preciso deixar a pessoa ir embora e procurar outra entre os rostos desconhecidos de uma cidade nova.

Às vezes, quando a oportunidade de dar um giro de 180 graus na vida aparece, alguns pensamentos impossíveis de ignorar são inevitáveis:

"Então tudo o que você fez até agora não serviu para nada?"

"Se quiser começar algo novo, será que as pessoas vão pensar que eu nunca soube o que quis?"

"E se eu estiver a ponto de cometer um erro?"

A ideia de deixar para trás tudo o que conhecemos e começar um novo capítulo da vida — **o "próximo capítulo"**— sempre vai ser mais difícil do que gostaríamos.

And it said
"Welcome to New York"

No entanto, é importante aprender a sair dos lugares que não têm o que precisamos, já que ficar neles pode trazer um sentimento de insatisfação irreparável. Por não ter corrido nenhum risco. Pelo que podia ter sido e não foi.

Se você arriscar, pode chegar a lugares novos. Se ousar se arriscar, pode ser a pessoa que sempre sonhou.

Mas, para que isso aconteça, é preciso primeiro conhecer a si mesmo.

O milagre da existência de um disco como ***1989***, uma era tão nova e diferente de tudo o que havíamos visto até então, só foi possível porque a Taylor sabia exatamente quem ela era e onde se encontrava enquanto o compunha.

Como dito no começo, desde o debut, a alma de cada música escondia uma cantora e compositora; alguém que, por meio das histórias e de sua visão de mundo e das relações humanas, era capaz de encontrar o ponto de conexão com seus seguidores, que usavam as letras como um refúgio pessoal e uma forma de processar as próprias emoções. Porém, em dado momento o caminho que Taylor trilhava havia quase dez anos se bifurcou, algo que era de certa forma inevitável, como antecipamos na era anterior. Todas as dúvidas acabaram, como ela contou uma vez, na noite de 2014 na qual *Red* perdeu o **Grammy de Álbum do Ano** para *Random Access Memories*, do Daft Punk — ou, como muitos de vocês conhecem, o momento icônico em que Taylor e sua equipe se levantaram das poltronas no Staples Center em Los Angeles acreditando que haviam vencido com a chamada de "*Reeeandom Access Memories*".

> *Naquela noite, todos fomos Taylor. Todos ficamos emocionados por um instante, pensando que o prêmio era dela, que seria dada a honraria a um dos discos mais queridos do fandom, um disco que ajudou a curar corações partidos e convenceu pessoas a dar uma nova chance ao amor, apesar das decepções constantes.*

E, para acrescentar mais uma coisa, tivemos que ver tudo escorrer pelas mãos em câmera lenta. A sensação foi quase tangível, como se, mais uma vez, a linha entre artista e fandom se atenuasse através da tela.

A sorte foi que Taylor, longe de ignorar o resultado desse prêmio e continuar a carreira com um álbum irmão de *Red*, se animou para abrir as portas que a levaram diretamente à passarela da música pop. E é este um dos momentos mais óbvios da necessidade da aprovação dos outros que Taylor tinha como preocupação ao dar um novo passo em sua carreira. Ao menos até então: "Tudo o que decido fazer em meus álbuns é feito pensando em quem vai gostar deles", disse ela na apresentação de *1989*, da qual falaremos mais à frente.

Em mais de uma ocasião, li ou ouvi alguém chamar Taylor de "calculista", de ser uma artista que quer agradar todo mundo. Alguém que quer satisfazer a expectativa criada pelo público e pela crítica. No entanto, isso soa um tanto engraçado para mim. No fim das contas, quem não busca aplausos dos outros quando faz algo novo? Quem não pensa "espero que gostem disso" ou "espero que me deem uma boa nota", "espero que todo mundo sorria quando eu terminar de falar"? É normal que esses pensamentos surjam, porque os aplausos geram uma sensação de aprovação imediata; indicam, sem margem de dúvida, que estamos indo pelo caminho certo quando duvidamos. E, mesmo que a gente saiba que é fundamental aprender a viver sem a aprovação dos outros, é difícil ignorar os comentários alheios em um mundo hiperconectado; em 2014, saber a opinião de estranhos já era mais fácil do que nunca devido ao estabelecimento das redes sociais de forma central e cotidiana em nossas vidas.

Assim, o lançamento de ***1989*** foi um dos mais comentados e aclamados do mundo todo. Tinha a seu favor a opinião do público — que aprovava a decisão de Taylor de apostar em cheio no pop mais comercial — e da crítica profissional — que o incluiu nas listas de melhores álbuns de 2014 dos veículos mais importantes globalmente. Além disso, "recuperou" o prêmio de **Álbum do Ano na 58º cerimônia do Grammy**, encerrando um ciclo pessoal que parecia ter ficado pendente com o disco anterior da artista.

Esta era marca um antes e um depois, e me atrevo a dizer que seja a mais importante de todas para entender a figura de Taylor como artista contemporânea. Depois desta era, a experimentação musical ganhou um novo protagonismo e se transformou em um elemento-chave da expectativa por um novo lançamento. Depois de *1989*, nós, swifties, nos perguntávamos todos os dias coisas que antes não passavam pela nossa cabeça: Qual vai ser o som do novo álbum? Qual será a estética dele? E, óbvio, qual vai ser a cor das novas músicas?

Naquele momento, Taylor trocara o Maserati pelo jato particular e se mudara para uma cidade que sempre lhe parecera diferente e inspiradora ao mesmo tempo: **Nova York**. Cortou o cabelo e demitiu parte da banda que a acompanhava desde sempre para trocar os instrumentos orgânicos por sintetizadores da década de 1980. É a primeira vez que Max Martin e Shellback aparecem como colaboradores principais de um álbum de Taylor — depois do primeiro contato em *Red* — e foram responsáveis por alguns dos maiores sucessos de *1989*, um álbum que mostra Taylor passeando pela cidade que nunca dorme. Ali, havia espaço para se emocionar com novos começos que esperam quando a gente se atreve a buscar outro caminho (**"Welcome to New York"**), para rir de si mesma e das opiniões negativas crescentes que os meios de comunicação tinham sobre Taylor e sua vida particular (**"Blank Space"** e **"Shake It Off"**), para reafirmar quem somos de forma irreverente e nos aceitarmos (**"New Romantics"**), para cortar laços com quem não merece estar na nossa vida (**"Bad Blood"**), além de dissecar o luto de um relacionamento que terminou para o bem de ambos (**"Out of the Woods"**), e cujo fim foi o que deu força para seguir adiante (**"Clean"**).

Lembra a primeira vez que ouviu **"Shake It Off"**? Tenho certeza de que não fui a única pessoa a pensar "Quem diabos é essa pessoa?". Taylor decidiu se colocar no alto do Empire State Building, numa live do Yahoo e da ABC News, e dizer "Hi, I'm Taylor! Welcome to New York"[8], fazendo referência a até então desconhecida canção de abertura do álbum, e dando as boas-vindas à nova era como merecido. Durante essa live, Taylor voltou a contar com swifties do mundo inteiro, tanto on-line quanto presencialmente, para compartilhar as novidades, apresentar o clipe de "Shake If Off" em primeira mão — no qual ela se empolgou com looks inovadores e dançou com bailarinos profissionais — e revelar a capa e o conceito de *1989*. Embora em resumo ela agora fosse aquela "garota pop" que víamos cada vez com mais nitidez e com um novo som, assim como uma Taylor diferente, há um detalhe que ela destacou ao falar da versão deluxe do álbum e que, mais uma vez, nos conectou com a Taylor de sempre.

É que, talvez como um lembrete de que a Taylor que conhecíamos até então não tinha desaparecido por completo, ela quis nos oferecer três áudios de anotações verbais para que pudéssemos entender o processo de composição de algumas músicas do álbum.

Assim, a artista mostrava pela primeira vez "ao vivo" seu lado compositor: ali estavam as guitarras e pianos sem arranjos bem delineados e a magia da improvisação de quando criava suas letras. Tirando toda a produção, o resultado era a parte mais inovadora e interessante do álbum, e nos apresentava seu lado mais honesto e vulnerável. Porque Taylor, afinal de contas, seguia sendo Taylor. E, ao mesmo tempo, já não era a mesma pessoa.

Mas antes de falar mais um pouco do que podemos encontrar em *1989*, preciso abrir um breve parêntesis para lembrar de seu lançamento, uma experiência tão

[8] "Oi, eu sou a Taylor! Sejam bem-vindos a Nova York."

polêmica quanto emocionante. Não era a primeira vez que Taylor enfrentava vazamentos de suas músicas na internet, mas talvez a primeira em um nível tão grande e tão escancarado pelas redes sociais. É necessário acrescentar ainda o desconhecimento que existia, junto das autoridades — e que ainda existe, apesar dos progressos alcançados —, de que os serviços de streaming de música, como Spotify, beneficiavam a própria plataforma em detrimento dos artistas. Foi nesse contexto que Taylor decidiu tirar todo seu catálogo de tais plataformas. De cara, parecia uma manobra suicida, embora não fosse a primeira a fazer isso — Coldplay e Beyoncé já tinham lançado *Mylo Xyloto* e *Beyoncé* apenas no iTunes para quem quisesse ouvir digitalmente —, mas é inegável que essa nova forma de consumir música se disseminava no mercado, e Taylor precisava encontrar uma forma de usar o Spotify e outras plataformas como uma ferramenta que, de maneira progressiva, ajudasse qualquer artista emergente a ter visibilidade e aumentar seu público de forma orgânica. Cerca de um ano depois, com a criação do Apple Music, Taylor retomou o assunto e publicou uma carta icônica, na qual falava dos direitos dos cantores, compositores e produtores de receber valores justos pelas reproduções no streaming. A artista levantou a voz para dar valor ao próprio trabalho e de outros artistas em posição menos privilegiada, reféns das decisões das multinacionais que pareciam ditar o futuro da indústria da música, e conseguiu que aceitassem suas condições em menos de vinte e quatro horas.

Ao contrário do que pareceu em um primeiro momento, visto que a única forma de ouvir as músicas dela legalmente ia na direção oposta do restante dos artistas pop, foi uma manobra que valeu a pena.

Todo esse tormento serviu para que os swifties apoiassem sua decisão e para que tivéssemos mais consciência do valor de seu trabalho, e catapultou as vendas do 1989 para mais de um milhão de cópias na primeira semana, na pior década para o formato físico de venda até o momento.

Como ela conseguiu esse feito? Não é algo que aconteceu da noite para o dia, já que Taylor sempre soube comunicar o valor de seu trabalho, suas letras e histórias ao longo da carreira. Uma coisa que também ganharia bastante relevância anos depois com o projeto das regravações, que comentaremos em outro capítulo. Entendemos que ela não considerava justo o acesso "gratuito" à música no streaming — as aspas são porque o pagamento aqui é de publicidade, porque realmente de graça, apenas as bibliotecas e associações sem fins lucrativos —, e aceitamos o que ela dizia. Porque, em vez de concentrar os esforços em criticar quem pirateava seu trabalho para ouvir as músicas, Taylor fez com que nos sentíssemos parte essencial do quebra-cabeça para mudar uma situação que incomodava não só a ela como a outros artistas como Adele, que depois se juntaram a essa iniciativa.

Tal decisão acabou fazendo com que a artista concentrasse todos os esforços de venda de *1989* no formato físico, que, como apontado, não estava em seu melhor momento. Lembre-se que era 2014, e praticamente todo mundo ouvia música pelo Spotify ou plataformas semelhantes, de forma que era necessário convencer o público geral a desembolsar uma boa quantia em dinheiro por um CD ou um disco de vinil que não podia ser ouvido pelo celular ou computador a qualquer momento. Como foi possível vender mais de um milhão de cópias na primeira semana de lançamento, números que havia alcançado com *Red* e *Speak Now*, porém, em um cenário completamente diferente dos predecessores?

A versão de luxo do disco vinha com um conjunto de treze fotografias **Polaroid**, mas cada lote continha fotografias diferentes. Para ter todas as fotos, os fãs precisavam enfrentar uma decisão complicada: comprar o mesmo álbum várias vezes — e no escuro, porque não dava para saber a qual lote pertencia cada edição comprada — e rezar para que, ao rasgar o plástico, o pacotinho de fotos fosse outro. Além de fotografias de Taylor durante a composição do álbum, também constavam parte das letras das músicas. E, ao observar as imagens com mais detalhes hoje, vemos uma Taylor mais misteriosa que nunca e um tanto solitária, usando batom vermelho e roupas de menina da cidade grande. Com essa ideia de lotes diferentes, unindo música e merchandising, o álbum não era apenas um produto musical, mas também um objeto colecionável, instaurando uma espécie de caça ao tesouro.

E assim, senhoras e senhores, chegamos à primeira grande estratégia de marketing dos lançamentos de Taylor, a atenção aos detalhes e o que representou o carro-chefe do sucesso comercial das edições físicas de um artista na era digital. Uma questão admirada por muitos e igualmente criticada. Há mesmo a necessidade de comprar o mesmo disco várias vezes? Por que estou ajudando uma artista milionária a ficar cada vez mais rica? Embora eu não tenha uma resposta para essas perguntas, acho interessante apontar que alguns swifties estavam dispostos a isso — conheço mais de uma pessoa que conseguiu todas as fotos, trocando com outras pessoas, como fazíamos com figurinhas na escola. E talvez se outro artista tivesse feito isso não desse tão certo, nem funcionasse até hoje, porque Taylor usou a mesma estratégia no relançamento de ***1989 (Taylor's Version).***

Porque ela e sua equipe viram que, graças à relação de confiança que Taylor tinha com os fãs ao longo dos anos, estávamos dispostos a participar da gincana proposta — mesmo que nossas contas bancárias, e as de nossos pais, não tenham achado tanta graça.

O aspecto visual também tem mais destaque. Entre os clipes dessa era estão alguns dos melhores de sua carreira. E, além de conferir uma identidade visual marcada cada vez mais necessária para chamar atenção no panorama pop, os videoclipes servem para continuar mostrando os diferentes lados de Taylor e sua constante ambição por mostrar que é capaz de se reinventar, o que também apareceu na **1989 World Tour**, a qual percorreu inúmeras cidades. E durante **"Style"** em cada show, convidava diferentes celebridades ao palco e músicos, com os quais cantava ao vivo seus maiores sucessos. Foi nesse holofote e brilho que vimos o suposto apoio da crítica e do público em geral à artista: além de levar ao palco algumas das pessoas mais influentes do mundo do entretenimento, com quem parecia ter um bom relacionamento, ela também era fotografada com supermodelos, atrizes e outros artistas em restaurantes e em diversos cantos do mundo. Tais aparições criaram uma visão, como ela mesma fez com o clipe **"Bad Blood"**, de que todo mundo estava ao seu lado. E, para o espanto geral, até a rivalidade com Kanye West, que começou em 2009, chegou ao fim com uma reconciliação mostrada tanto na vida privada quanto em algumas cerimônias de premiação, nas quais foram fotografados juntos amigavelmente. Parecia que Taylor havia forjado alianças com pessoas que a apoiavam de diferentes lados — como quando você chega ao refeitório da escola e os populares deixam você se sentar com eles e sorriem enquanto escutam tudo que você tem a dizer sobre sua vida, te levando a pensar que está no lugar que procurava desde o começo.

É um sonho virando realidade para qualquer pessoa que, ao receber o aplauso de todos, vê suas inseguranças mais profundas minguarem. O que, de certa forma, tornou o que veio a seguir inevitável.

Todo aquele sucesso e exposição entrelaçados às amizades retratadas em todos os lugares — que acabaram sendo efêmeras — terminaram cobrando o preço de sua reputação. O mundo das *celebridades*, assim como o mundo de gente com influência, funciona mais ou menos assim: um dia você está na moda, todo mundo te admira e é possível se sentir seguro desde que não saia do círculo que traçaram para você, e no dia seguinte algo dá errado e seu visto para o submundo é emitido pelas suas costas, sem que você perceba.

Assim de cara, da mesma forma que parecia que Taylor dominava o mundo, grande parte desse mundo e da opinião pública começava a odiá-la categoricamente. Desmereciam-na pela quantidade de homens com quem já havia saído, faziam comentários a respeito de seu corpo, e no olho do furacão estavam as relações interpessoais e públicas que desmoronavam. Todo o néon que a iluminava no começo da era ***1989*** acabou se transformando em grandes labaredas, e **o castelo que tinha construído foi ao chão da noite para o dia**.

E nós ficamos com um gosto amargo na boca ao ver tudo acontecer. Taylor foi entrando, aos poucos, em um momento de escuridão absoluta, no qual teve que passar um tempo aprendendo a trocar de pele, à beira do abismo perigoso para o qual sua carreira parecia estar se direcionando.

Capítulo 6

reputation

my **reputation**'s never been worse, so you must like me for me.

And in the death of her reputation,

she felt truly alive.[9]

"Why She Disappeared", poema de Taylor Swift

[9] E diante da morte de sua reputação, ela se sentiu realmente viva.

Alguma vez já te apunhalaram pelas costas? Não literalmente, claro.

Acho que sei a resposta mesmo sem nunca ter falado com você. No entanto, gostaria de saber se já houve um momento em que alguém que você pensava ser seu amigo, uma pessoa em que podia confiar, virou as costas enquanto você sangrava até a morte, numa fase da vida em que a única coisa da qual precisava era que estivessem ao seu lado para te ajudar a curar uma ferida.

Arrisco a adivinhar a resposta outra vez e dizer que sim.

Então, talvez eu tenha sido um pouco "dramático" demais, mas... é que às vezes **o drama gosta de estar presente em nossa vida, não acha?** Nossos amigos e entes queridos são indispensáveis para tornar o dia a dia suportável quando passamos por momentos difíceis. E, quando surge a sensação de que algo está além da sua capacidade, você sabe que pode pegar o telefone e falar com eles, que vão aparecer na porta da sua casa para vocês tomarem todo o sorvete reservado para momentos desoladores guardado no freezer.

Por isso é tão importante saber quem está do seu lado e quem não está. Com quem você pode compartilhar os sucessos de forma que, quando chegue a hora da derrota, ainda estejam do seu lado para te dar o empurrão necessário.

E lembre-se que encontrar a luz na escuridão mais profunda sempre é difícil, mas nunca devemos deixar de procurá-la.

Depois de encontrarmos a nós mesmos nas luzes em néon da cidade grande desfrutando a era deliciosa que foi *1989*, swifties seguiram celebrando o sucesso de Taylor na indústria da música pop, um sucesso do qual sentíamos fazer parte: graças ao apoio constante ao longo dos anos, por construir passo a passo uma relação profunda com ela e aceitar a evolução natural de seu som, nossa artista favorita ti-

rep

nha chegado a todos os lugares do mundo, ganhado seu segundo Grammy de Álbum do Ano e feito movimentos que mudariam para sempre o cenário da indústria da música com os serviços de streaming.

Talvez por toda essa euforia coletiva ninguém tenha conseguido prever o que ocorreu a seguir: **o grande apagão**. Porque esta era começa exatamente assim, com um grande apagão que culminou em um dos comebacks mais lembrados da história do pop nos últimos anos. E, como disseram muitos swifties, a melhor era da Taylor até hoje. **Você está pronto para ela?**

"I would very much like to be excluded from this narrative, one that I have never asked to be a part of, since 2009." [10] Foram as palavras que Taylor publicou em seu perfil do Twitter em julho de 2016, depois de uma polêmica gigantesca causada outra vez por Kanye West e sua ex-mulher Kim Kardashian, uma das celebridades mais influentes dos Estados Unidos. O casal gravou secretamente uma conversa por telefone entre o rapper e Taylor, a editaram e compartilharam na conta do Snapchat de Kim, e na gravação o sem-vergonha queria que parecesse que Taylor lhe dera consentimento para chamá-la de "puta" numa música, que, além disso, tinha um dos clipes mais horríveis produzidos na década de 2010, com pessoas peladas em uma cama, e no meio delas uma cópia da própria Taylor.

Para colocar mais lenha na fogueira, Taylor postou no Twitter uma acusação ao casal de editar e distorcer o vídeo da conversa — em 2020, o vídeo completo foi vazado na íntegra e sem edição, e provou-se a inocência de Taylor —, e Kim Kardashian meteu o bedelho e publicou um tweet, sem mencionar a cantora, desacreditando as acusações e tirando sarro dela ao comemorar o **Dia Mundial da Cobra**. Dado a grande influência da Kardashian, criou-se um efeito manada, e poucos minutos depois Taylor recebeu milhares de mensagens de ódio acompanhados pelo emoji de cobra.

[10] "Eu gostaria muito de ser deixada de fora dessa narrativa, da qual nunca pedi para fazer parte desde 2009."

Como era de se esperar, o caldo acabou entornando para todo lado.

Da perspectiva de swiftie, era difícil entender como Taylor passou de uma artista aclamada pelo público, tendo arrasado nas vendas e prêmios e lotado dezenas de estádios por todo o mundo na última turnê, e então da noite para o dia sofrer os efeitos da cultura do cancelamento com a hashtag #TaylorSwiftIsOverParty, que chegou a ficar em primeiro lugar mundialmente no Twitter.

Além de ser óbvio que Taylor dizia a verdade para qualquer pessoa que parasse para analisar o caso.

A própria Taylor explica isso melhor do que eu no documentário **Miss Americana:** *"When people fall out of love with you, there's nothing you can do to make them change their mind. They just don't love you anymore".*[11] E, depois de *1989*, podemos dizer que assistimos ao enterro de Taylor como figura pública. Muita gente queria vê-la afundar havia um tempo. Alguma coisa clicou, prevendo que era sua vez de viver o que tantas outras figuras do pop já tinham experimentado. Todas as peças se encaixaram no momento certo: os milhões de seguidores do casal mentiroso fizeram um auê na internet, a imprensa aproveitou a situação para recarregar a munição e lançar manchetes brincando com o fim da carreira musical dela, e todas as pessoas que aderiram à febre de "Shake It Off" e "Blank Space", em vez de ir atrás de toda a história, acharam mais fácil acreditar nas manchetes e se juntaram ao ato de humilhação pública para ganhar curtidas nas redes sociais. De fato, vale acrescentar que grande parte das "amizades" que Taylor forjara na era *1989* acabaram mostrando sua verdadeira natureza dissimulada. Porque quando ela estava na crista da onda, todas as celebridades dos Estados Unidos que haviam interagido com ela queriam aparecer na passarela da 1989 Tour em "Style", partici-

[11] "Quando as pessoas deixam de amar você, não há nada que possa ser feito para fazê-las mudar de ideia. Elas simplesmente não te amam mais."

par do clipe de "Bad Blood" e serem fotografadas com Taylor em cada lugarzinho de Nova York, construindo uma imagem perfeita. Porém, na hora da verdade, a artista ficou praticamente **sozinha** em uma crise de reputação sem precedentes.

Taylor nunca foi uma pessoa que falava muito de sua vida particular, e diante dessa situação extrema, todo mundo esperava sua declaração para trazer um pouco de ordem ao caos que reinava ao seu redor: uma série de tweets, um vídeo explicando a verdade, uma entrevista na Oprah Winfrey no maldito horário nobre... De alguma forma, esperavam que Taylor seguisse com o jogo de sempre dos meios de comunicação. Mas lembra que eu falei que ela não nasceu para ser uma estrela do pop, e sim que acabou se transformando em uma de forma natural? Esse foi um dos momentos da carreira em que ela reafirmou isso com muita força. Longe de dar mais explicações, depois de declarar nas redes sociais que era vítima de uma mentira tornada viral, Taylor fez uma coisa que foi pioneira e virou uma jogada de marketing que outros artistas repetiram depois: decidiu desaparecer do escrutínio público por doze meses, para colocar em andamento tudo o que fosse preciso e compor seu sexto álbum de estúdio. **E ninguém a viu em pessoa por um ano.**

Lembro que, como swiftie, viver aquela época de seca de conteúdo foi desconcertante. No fim das contas, estávamos acostumados a ver o rosto de Taylor nas revistas mais importantes do mundo quase diariamente, a seguir seus passos pelas redes sociais, e do nada e pela primeira vez ela vestiu uma armadura, e não era possível vê-la em lugar nenhum.

Ok, eu preciso admitir que teve um lado divertido — e absurdo — de vê-la se escondendo dos paparazzi sempre que tentavam fotografá-la: dentro de um guarda-chuva preto, andando rodeada por um grupo de guarda-costas ou, a favorita de todo swiftie, quando entrou numa mala e sua equipe a carregou para entrar e sair do apartamento.

E, então, como comentei anteriormente, veio **o grande apagão**. Uma jogada de marketing cunhada por Taylor e que, atualmente, outras celebridades usam com frequência para anunciar o próximo lançamento. Ela apagou todas as publicações das redes sociais e mudou as fotos de perfil para uma imagem completamente preta. **Todos os mentirosos diziam que ela era um deles**, e assim chegou o momento de expor sua verdade.

Em 21 de agosto de 2017, Taylor publicou na própria conta do Instagram o primeiro de três vídeos que mostravam uma **cobra** em posição de ataque, dando indícios do que viria a ser sua era mais sombria. Dias depois, **"Look What You Made Me Do"** deu o tiro de partida, e o resto é História, com letra maiúscula: a antiga Taylor estava morta.

Acho que nunca ficamos tão nervosos quanto no dia que vimos o clipe de um single com uma Taylor diferente, com raiva e vontade de botar fogo em todos que queriam vê-la queimar. Mas… o que ela tinha feito? Nós, swifties, encontraríamos nesta era uma pessoa diferente da que conhecíamos?

Sim e não ao mesmo tempo.

reputation nos apresentou um conceito nítido e direto, a resposta àquela situação toda que parecia tê-la dominado bem no lugar onde ela reuniu forças para se recuperar: a música. Sua mente de cantora e compositora fez o que sabia fazer de melhor: garantir que o disco desse todas as explicações necessárias. Durante toda a era não deu praticamente nenhuma entrevista para divulgar *reputation*. Para piorar, o álbum foi lançado como uma revista de luxo, dividido em volumes com as letras das músicas escritas a próprio punho — enfatizando a ideia de que seriam os únicos comentários a respeito que faria —, títulos cheios de ironia, a sessão de fotos feitas para o disco e dois poemas que traziam uma perspectiva mais pessoal que musical: **"Why She Disappeared"**, no qual explica como processou o luto pela morte e o enterro de sua reputação, e **"If You're Anything Like Me"**, texto que mostra suas inseguranças e batalhas internas, comparando-se diretamente aos swifties, se aproximando de nós e mostrando um lado vulnerável que, depois de ouvir as músicas, entendemos que era o que Taylor queria compartilhar de verdade com as canções.

É fato que *reputation* tem uma parte mais sombria do que os singles deixaram transparecer. O veneno e a raiva de **"Look What You Made Me Do"** como carta de apresentação do disco foi uma declaração de intenções por si só, o canhão **"… Ready For It?"** alertava para o tom eletrônico e agressivo que corria no DNA do álbum e, mais tarde, **"End Game"** trazia Taylor fazendo rap pela primeira vez — lembro de GRITAR na primeira vez ouvi, e, na verdade, acho que é uma música tristemente subestimada — enquanto dizia que "enterrou as machadinhas, mas guardou os mapas de onde as colocou" e que "bebia na praia com seu homem enquanto ele não conseguia tirar as mãos de cima dela". Taylor se desfazia da imagem dócil que mantivera até o momento, ao mesmo tempo em que rompia com o rótulo imposto pela Big Machine Records e pela sociedade de "garota modelo" para os fãs, a artista que precisava mostrar sempre para o mundo o maior nível de perfeição e exigências esperados dela. No entanto, apesar da rebeldia e do desejo de voltar para o ringue, acho que todos ficamos surpresos ao ver que *reputation* não era o álbum de vingança que esperávamos. E isso foi antecipado em primeira mão, como não podia ser diferente, pelos swifties.

Três dias antes do lançamento, Taylor publicou um vídeo em seu canal do YouTube no qual dizia que escolhera quinhentos fãs para escutar o disco primeiro... nada mais nada menos do que na casa dela! O que a própria artista batizou como ***"reputation secret sessions"***. E, embora tenhamos aprendido que o público vai considerar qualquer coisa que ela faça uma jogada de marketing, são esses detalhes que mostram aos swifties algo que Taylor faz desde o começo da carreira, o interesse que nossa artista favorita mostra ao dar a oportunidade de alguns de nós entrarmos em sua casa, no lugar em que qualquer um se sentiria seguro, transpondo assim qualquer distância que exista entre um fã e uma estrela pop. Algumas das declarações desse vídeo de três minutos resumiam o disco como "algo muito diferente, mas também muito a cara de Taylor".

E no dia 10 de novembro de 2017 descobrimos que reputation não era apenas uma coleção de músicas em resposta a tudo o que havia acontecido na raiz de seu colapso público, como também o refúgio onde Taylor se escondera por um bom tempo — a artista nunca havia demorado tanto para lançar um disco novo — para evitar ser consumida pelas chamas ao seu redor.

Nele, encontramos momentos cheios de ódio com referências às pessoas que a lançaram na fogueira sem piedade (**"I Did Something Bad"**), músicas cheias de sarcasmo zombando diretamente da chamada telefônica manipulada (**"This Is Why We Can't Have Nice Things"**), e até mesmo uma canção que coloca a última pedra em um de seus relacionamentos mais turbulentos e comentados nos anos anteriores (**"Getaway Car"**), mas também vimos uma Taylor mais vulnerável do que nunca navegando em águas turbulentas depois de ter se tornado uma das celebridades mais odiadas do mundo. Porque, para além de tudo isso, o restante do álbum narra que a artista encontrou alguém que a ajudou a drenar todo esse veneno, raiva e negatividade, naturais no olhar de quem teve o mundo virando as costas para si.

Poucas músicas de sua discografia são — e soam — tão doces quanto **"Delicate"**, na qual Taylor se entrega aos braços de outra pessoa apesar do momento ruim que atravessa e com consciência de que ninguém quer se aproximar; tão íntimas quanto **"Dress"**, onde mostra seu lado mais sensual até o momento, nem tão vulneráveis quanto **"Call It What You Want"**, na qual menciona um grupo de mentirosos que tentaram acabar com tudo o que construiu depois de tanto tempo.

Alguém por aqui já trabalhou em algum projeto pessoal com entusiasmo? No meu caso, mostrei partes deste livro para algumas pessoas de confiança e cuja opinião eu valorizo mais do que a de qualquer outra. Porque é óbvio que é legal que as pessoas de quem gostamos apreciem nosso trabalho, mas é importante lembrar que nem todo mundo quer o melhor para a gente. Que temos de aprender a identificar quem são os amigos que querem ver você crescer e ser feliz.

E o segredo para sobreviver a uma era como *reputation*, como Taylor conclui em **"New Year's Day"**, consiste precisamente em ver que às vezes passamos por momentos horríveis na vida, mas, com o tempo e com o apoio de quem merece compartilhar nossos dias, essa escuridão vai sumindo até não sobrar nada.

My castle
crumbled
overnight.
I brought
a knife to
a gun fight.

Capítulo 7
Lover

Do not let anything stop you from making art, just make things. Do not get so caught up in this that it stops you from making art. Or if you need to make art about this but never stop making things.[12]

Taylor Swift para Zane Lowe, em entrevista para a Apple Music

[12] Não deixe que nada o impeça de fazer arte, apenas faça coisas. Não fique tão envolvido com algo a ponto de isso impedir que você faça arte. Ou se precisar faça arte sobre isso, mas nunca pare de fazer coisas.

you're
my,
my, my,
my
LOVER

A-P-A-I-X-O-N-A-D-A.

Como é divertido soletrar, não é?

Concordamos que "encontrar o amor" é uma das coisas em que mais nos empenhamos quando não o temos. E, ao mesmo tempo, é mais difícil de achar se estamos procurando. Tipo quando somos crianças e vendamos os olhos para brincar de cobra-cega, mas nos fazem dar tantas voltas que no fim não sabemos para que lado estão as pessoas.

Existem várias teorias e estratégias que achamos que podem ajudar a "encontrar o amor de verdade". Tentamos descobrir a fórmula para conseguir uma coisa que não sai da nossa cabeça e que todo mundo parece ter, menos a gente. Para os interessados, seguem algumas ideias:

- *Os mais românticos acham que o destino vai* ***jogar alguns dados*** *e dar um jeito. Assim, no momento e lugar perfeitos, vai aparecer a pessoa com quem sonharam a vida toda. Pode ser num café que frequentam toda manhã, ao devolver um livro à biblioteca, ou dançando na escuridão de uma festa. Precisam estar atentos, porque é só uma questão de observar até essa pessoa aparecer, e aí falar com ela.*

- *Outro jeito — já aviso que menos romântico, embora mais prático — são os famosos aplicativos de relacionamento. Este método é especialmente útil se quiser estudar a pessoa como se fosse uma prova antes de ficarem juntos pela primeira vez: descubra a cor favorita, profissão, se gosta mais de gatos ou de cachorros... inclusive quantos filhos quer!*

- *Os drama queens da vida pensam que o amor é uma coisa que serve apenas para fantasias, e que nunca vai acontecer com eles. Nunca. Pensam que vão ficar sozinhos para sempre,* ***como uma sacola de plástico arrastada pelo vento e que quer começar de novo.***

- *Também temos as pessoas que tentam vez ou outra perseguir o amor como se fosse uma borboleta, mas, quando tentam pegá-la com uma rede, ele sempre dá um jeito de escapar.*

Adoraria ter a fórmula secreta para compartilhar com todo mundo, mas não é assim que funciona. Porém, tenho a sensação de que, ao buscar a pessoa "certa" com quem dividir nosso eu mais vulnerável, acabamos focando mais nas coisas que formam sua personalidade ("Será que gosta dos mesmos livros que eu?", "É de Capricórnio?", ou "Gosta de passar o verão na praia ou prefere as montanhas?"), em vez de buscar saber se nós mesmos estamos realmente prontos para disfrutar da companhia de outra pessoa. Sim, acredito que o amor pode aparecer a qualquer momento, mas talvez nem sempre seja a hora certa.

Há momentos em que é necessário aprender a curar as feridas antes de se comprometer emocionalmente com os outros. Porque, quando somos gentis com nós mesmos, encontramos a redenção necessária para enfrentar uma nova fase. Uma que pode nos ajudar a sair da escuridão em que estávamos inseridos.

Lover:

é o álbum com o primeiro single mais odiado injustamente pelos swifties.

Lover:

é a era mais doce. Tão doce que pode deixar algumas pessoas enjoadas.

Lover:

que bem faz a Taylor estar apaixonada e esfregar isso na nossa cara sem nenhum pudor.

Mas antes de falar do que para mim é um dos momentos mais bonitos da carreira da artista, temos que recapitular um pouco para entender o nascimento da era mais cheia de açúcar que veio logo depois da tour inigualável de *reputation*. Na turnê, ficou evidente que Taylor dera a volta por cima nas mentiras ditas sobre si e ainda por cima conseguiu convertê-la na terceira turnê mais rentável da história da música até então. Apesar de todo esse sucesso ter ajudado Taylor a voltar para o jogo, como swiftie sempre foi um pouco esquisito revisitar esse período, porque nada muda o fato de que ela precisou enfrentar uma série de decepções e um assédio gigantesco por parte da imprensa e do público geral.

E, como fã, a única coisa que queria nesse momento de transição era ver como ela jogava um feixe de luz no mar de escuridão que escondeu nossa loirinha favorita por tempo demais. E ela conseguiu.

Lover começou a ser divulgado por meio de vários murais urbanos com asas enormes de borboleta coroando diferentes cidades ao redor do mundo. Com nossos sensores de detetive em estado de alerta, sabíamos que a volta da rainha era iminente. E quando ela lançou **"ME!"** como primeiro single, o clipe trazia uma explosão de cores pastel que preenchiam o preto e branco, referência à capa de *reputation*, e uma cobra que terminava se transformando em muitas borboletas. Com isso, soubemos que alguma coisa na vida de Taylor tinha mudado. Como se ela tivesse se libertado das correntes e **agora dançasse sem ter as mãos atadas.**

Podemos resumir ***Lover*** em poucas palavras: um disco divertido, iluminado e, além disso, caótico. Um leque de canções pop e baladas, que nos mostrava nitidamente que a artista estava em sua lua de mel criativa particular; uma jornada por todas as facetas e formas do amor no que consistia, até então, em seu trabalho mais extenso. Iniciando com **"I Forgot That You Existed"**, que indicava, até ali, que tinha virado a página dos problemas com Kanye e Kim, e que continuava com músicas como **“Lover”**, **“Paper Rings”** ou **“London Boy”**, onde deixava evidente que a relação com o novo parceiro a enchia de felicidade, e que desfrutava disso plenamente. Ao mesmo tempo, soube expressar o medo de que aquele novo refúgio pudesse desaparecer (**“Cornelia Street”**), ou que estivesse em perigo por autossabotagem, como admite na canção confessional **“Afterglow”**. Também temos uma jornada introspectiva por suas inseguranças em **“The Archer”**, a quinta música do álbum. Como mencionado antes, as “track 5”, como chamadas pelos swifties, são famosas por uma teoria de que, inconscientemente, a artista sempre reserva essa posição para o coração do disco. Taylor acabou sabendo dessa teoria e a incorporou nos álbuns seguintes. É uma música com um elemento diferente, uma sensibilidade especial, que faz os swifties se conectarem mais facilmente ao ouvir pela primeira vez, e que antecipamos a cada lançamento, como fizemos anteriormente com **“Cold As You”**, **“White Horse”**, **“Dear John”**, **“All Too Well”**, **“All You Had To Do Was Stay”** e **“Delicate”**.

Muitas vezes o público tem uma concepção — que, na minha opinião, é uma ideia errada e romantizada do mundo da arte — de que os artistas trabalham com mais êxito se estiverem tristes e sofrendo. Embora existam, sim, grandes álbuns compostos por artistas que não estavam passando pelo melhor momento de sua vida — logo de cara, *Back to Black*, de Amy Winehouse; *Badlands*, de Halsey, e, mais recentemente, *Sour*, de Olivia Rodrigo —, acredito que a tristeza não seja uma sensação em que alguém queira se ver submersa para produzir arte, mas que a música é a resposta natural de um artista para sobreviver a essa dor e atravessar essa etapa inevitável, como vemos na delicada balada **“Soon You’ll Get Better”**, na qual Taylor, acompanhada por Dixie Chicks, compartilha conosco a notícia de que sua mãe, a quem já havia dedicado mais de uma música em sua discografia, havia enfrentado uma longa batalha contra o câncer. Pessoalmente, é uma música que não consigo ouvir e curtir, apesar de ser bonita.

Lover é a prova musical de que não há nada melhor para uma cantora que também é compositora do que sentir que alcançou a estabilidade, estar em um lugar feliz aproveitando seu tema favorito depois de ter encontrado um amor que não queima, como pensava até então que tinha que ser, mas que a faz ver tudo através de um prisma de esperança.

Como mostrado em **"Daylight"**, a canção final do álbum e uma das melhores músicas de sua discografia, Taylor quer ser definida pelas coisas que ama, não pelas que odeia, nem as que a assustam ou que a atormentam no meio da noite. Ela acredita que, no fundo, somos o resultado de todas as coisas que amamos.

No clipe da homônima **"Lover"** — a canção que serve de tema para casamentos por excelência para swifties desde seu lançamento —, Taylor nos mostrou todas as eras anteriores na forma de uma casa com diferentes cômodos. E há um detalhe curioso: o rapaz que representava seu parceiro vai até o sótão, que simbolizava o álbum *reputation*, para tirar Taylor de lá e continuarem seu caminho juntos. O amor não pode resolver tudo, mas pode atuar como uma força que nos impulsiona a seguir em frente.

No entanto, apesar do tom otimista que permeia muitas questões desta era, nem tudo eram rosas. Também vemos pela primeira vez uma Taylor Swift reivindicando causas sociais em músicas como **"The Man"**, na qual critica o tratamento desigual da indústria com as mulheres, e **"You Need To Calm Down"**, com uma mensagem abertamente a favor da causa LGBTQIAPN+. A propósito, no clipe dessa música, repleto de artistas *queer*, assistimos ao épico final da treta de anos com Katy Perry, que supostamente roubara alguns dançarinos durante o planejamento da Red Tour, mas que finalmente acabou quando Katy enviou para Taylor um ramo de oliveira na primeira noite da Reputation Stadium Tour, como uma oferta de paz. Esse primeiro passo de reivindicar causas sociais foi além com o documentário ***Miss Americana***, onde Taylor reflete sobre sua trajetória e foca especialmente em diferentes episódios de sua vida dos quais nunca havia falado, como a relação complicada que tinha com seu corpo e sua imagem durante a era *1989*, uma batalha pessoal que sempre foi segredo; a denúncia contra David Mueller, um ex-apresentador que a assediou sexualmente em 2013 no backstage de um show e em cujo processo Taylor pediu apenas um dólar como indenização, simbolizando que não o fazia por dinheiro, mas para dar visibilidade a um problema enraizado na nossa sociedade e que afeta milhões de mulheres, além de seu interesse em fazer parte da mudança nas eleições do Tennessee, que a levou a encorajar a todos os swifties maiores de idade do estado a votar pelo partido Democrata, desmentindo rumores de que apoiava o partido de Donald Trump. Mueller chegou a processá-la por difamação, alegando que havia sido injustamente demitido por culpa de Taylor, embora o processo tenha sido julgado improcedente.

E, claro, foi nessa época que ouvimos falar pela primeira vez de um conceito que Taylor voltaria a colocar na mesa e se impor na indústria musical: as famosas regravações de seus trabalhos anteriores.

Um acontecimento que para Taylor significava arriscar toda a sua credibilidade como artista a depender do resultado, mas que, como a própria artista previu, acabou se provando um sucesso total graças ao fandom que construíra em sua carreira.

Lover foi o primeiro disco que lançou com uma gravadora que não era a Big Machine Records, que havia apostado nela desde o início sob a direção de Scott Borchetta. Em um post no Instagram, ela agradeceu a ele diretamente por todo o esforço que o então diretor depositara em sua carreira, e anunciou que agora seu trabalho estaria sob o guarda-chuva da Republic Records, selo da Universal Music Group. Na mesma publicação, disse que, como parte do acordo, havia conseguido não apenas que a Republic Records concordasse em melhorar as condições de distribuição de royalties dos streamings para todos os artistas de seu catálogo, como ela passaria a ser a dona das masters das músicas que lançasse pelo selo. Isso era um sonho há muito tempo, pois lembre-se que Taylor era apenas uma

adolescente quando assinou seu primeiro contrato com a Big Machine Records e, às vezes, quando uma oportunidade como essa aparece, alguns detalhes são ignorados ou vistos por alto, e então mais tarde descobre-se que nem tudo é tão legal quanto parecia.

Em poucas palavras, ter as masters da gravação de suas músicas garante que o artista, neste caso Taylor, tenha a palavra final em como a música será explorada comercialmente: ela é quem decide se seus álbuns novos vão ou não para streaming e em quais condições, se suas músicas podem ser usadas para uma campanha promocional de um filme, e até mesmo quem pode usar um sample de seu trabalho para criar uma nova música, sempre com os devidos créditos. A princípio, não é algo que tenha "afetado" muito os swifties para além de saber que Taylor seria proprietária das centenas de músicas que escreveu durante anos. Porque, na verdade, achamos que já era o caso.

Porém, a Big Machine Records, gravadora anterior, tinha decidido vender as masters de Taylor a um gerente e empresário chamado Scooter Braun, sem dar a oportunidade para ela mesma comprá-las. Taylor foi forçada a denunciá-lo publicamente em novembro de 2019, porque, caso ela ganhasse o prêmio de **Artista da Década no American Music Awards**, deveria apresentar uma performance com várias músicas de seus discos anteriores, mas Scooter Braun não permitia que ela fizesse uso das próprias músicas. Felizmente, a questão foi resolvida após o apoio que Taylor recebeu das centenas de artistas que saíram em prol da cantora e graças à pressão que os swifties fizeram nas redes sociais para evitar que esse pesadelo continuasse. Tudo isso pode soar estranho para quem não trabalha no mundo da arte, mas qual o sentido de passar uma vida se dedicando ao próprio trabalho para que outra pessoa possa atar suas mãos quando bem entender? As reivindicações de Taylor não apenas fizeram seus seguidores abrirem os olhos, mas o mundo inteiro foi exposto a alguns dos padrões da indústria da música — entre outras — que consistem em explorar o trabalho dos artistas sem levar em conta o que a classe busca, pessoas que veem apenas números e quantidade de vendas, e não um álbum ou música criado para fazer milhões de fãs felizes.

Durante uma entrevista de divulgação de *Lover* no programa **Good Morning America** em agosto de 2019, Taylor anunciou que começaria a regravar seus álbuns anteriores a partir de novembro daquele ano, para ser dona das masters de gravação. Durante o anúncio, a própria artista disse que sabia que esse projeto era tão importante para os swifties quanto para ela. Afinal, graças à enorme conexão compartilhada com as histórias de suas músicas, sentíamos que essa rasteira de sua gravadora anterior era uma questão pessoal para cada um de nós. Se Taylor não tivesse trabalhado a relação com os swifties, se não tivesse desde o começo mostrado que ser cantora e compositora era essencial para criar os momentos que nos conectavam, essa jogada teria sido em vão e deixaria exposto que parte de sua base de seguidores apenas gostava de suas músicas, mas não tinha o mesmo nível de cumplicidade e conexão com seu trabalho, que, de certa forma, vemos como nosso também.

No entanto, o projeto não apenas serviu para reafirmar que o fandom de Taylor é um dos mais fiéis e comprometidos, mas foi uma manobra de marketing que lhe permitiu apresentar as eras anteriores aos fãs mais recentes, que não tinham aproveitado na época dos lançamentos originais. E, desse modo, a artista reafirmou seu legado e alcançou um novo patamar de sucesso.

Com essa etapa tão emocionante, repleta de momentos de frio na barriga e novos objetivos a serem alcançados, eis que de repente uma nuvem surgiu no céu para levar a luz do dia embora. Como foi triste estarmos preparados, cobertos de glitter, com os looks de festival prontos para gritar bem alto o amor por Taylor na turnê de ***Lover***, para cantar o refrão de "Cruel Summer" a plenos pulmões, como se nossa vida dependesse disso…

Mas eis que chegou o ano de 2020.

Capítulo 8
folklore evermore

YOU DREW STARS AROUND MY SCARS

I may not be able to go to the Lakes right now, or to go anywhere, but I'm going there in my head, and this escape plan is working.[13]

Taylor Swift, ***folklore: the long pond studio sessions***

[13] Talvez eu não possa ir para os Lagos agora, ou para qualquer outro lugar, mas estou indo para lá na minha cabeça, e esse plano de fuga está funcionando.

A arte é um refúgio ao qual podemos recorrer sempre que precisarmos. Não acho que estou errado em dizer que, no ano de 2020, muitos de nós bateram à porta da arte para sobreviver a tudo o que aconteceu quando nos trancamos em casa por tanto tempo.

Essa época só pode ser descrita como um grande parêntesis repleto de medo e incerteza. Foi muito difícil processar toda a informação que chegava diariamente pelas notícias, ou lidar com os boatos nos grupos de WhatsApp e redes sociais, onde, é óbvio, o sentimento de histeria coletiva crescia com o passar dos dias enclausurados entre quatro paredes. Talvez, por este motivo, algumas pessoas tenham bloqueado esse período mentalmente, como um mecanismo de defesa, e agora aqueles longos meses pareçam algo distante e alheio.

Porém, para refrescar a memória, busquei uma lista de coisas que aconteceram em diversos lugares do mundo (e talvez tenham acontecido com você também):

Começamos a fazer exercício (ou pelo menos tentamos) com vídeos de youtubers fitness.

Fizemos pão e experimentamos receitas como se fôssemos aspirantes a chefs de cozinha. Não sei vocês, mas eu já voltei a frequentar a padaria do bairro.

Brigamos para ver quem sairia para **passear com o cachorro** e, assim, tomar um pouco de sol uns minutinhos por dia.

Fizemos **videochamadas** com as pessoas que faziam falta, inclusive assistíamos a filmes com elas à distância, comentando ao vivo.

E por que não? Repensamos **o que queríamos da vida** quando tudo acabasse.

Na pandemia, estávamos famintos por estímulos que mantivessem nossas mentes ocupadas. E procurávamos histórias que nos permitissem viver além dos cômodos que nos mantinham isolados de um mundo que se tornara irreconhecível da noite para o dia, histórias que conectassem todos nós ao mesmo tempo, e nas quais pudéssemos nos perder como um exílio pessoal.

E o que é *folklore* se não o universo que Taylor criou em sua imaginação durante alguns dos meses mais sombrios de nossas vidas?

Em 27 de abril, Taylor compartilhou no Instagram uma imagem com uma legenda que se tornou uma das frases mais icônicas de toda sua carreira: *"Not a lot going on at the moment."*[14] Qualquer swiftie que viu aquela foto deve ter pensado a mesma coisa: nem mesmo Taylor tem muito o que fazer durante o confinamento. Porque, embora agora saibamos que é possível, era difícil conceber que uma artista desse nível pudesse trabalhar em músicas novas isolada em sua casa, sem acesso a estúdios de gravação profissionais ou a equipes técnicas com condições de cuidar das sessões de gravação.

E, no entanto, três meses depois, soubemos que ela só precisou de duas peças-chave: seu colaborador de sempre Jack Antonoff e Aaron Dessner, um dos membros da banda The National, admirada por Taylor, que já estava acostumado a trabalhar remotamente com o restante de sua banda. Foi assim que ela deu forma ao novo álbum chamado ***folklore***, cujo lançamento era iminente e apresentava Taylor em uma floresta fechada na capa. E foi apenas um ano depois de *Lover*, que ainda saboreávamos como uma lembrança agridoce após o cancelamento dos shows de Taylor por causa da pandemia — quem aí também já tinha ingresso comprado? Agora nossa loirinha favorita voltava mais enigmática do que nunca, com, nada mais nada menos, que um lançamento surpresa.

[14] "Não tem nada de mais rolando agora."

Apesar de Taylor ter conseguido se adaptar aos novos requisitos da indústria e às mudanças no consumo de música ao longo dos anos, sempre defendi que ela segue sendo uma artista bastante tradicional na hora de planejar a promoção do álbum com sua equipe, que é um ciclo que pode durar anos, mais ou menos, e que inclui os mesmos elementos. Primeiro uma pequena prévia do que está por vir, onde a artista sempre esconde alguns *easter eggs* que criam o *hype* e aumentam a interação dos swifties com o produto, promovendo uma difusão orgânica da notícia nas redes sociais. Depois, faz o anúncio oficial da capa do álbum e, logo em seguida, lança um primeiro single, que traz uma das cores da paleta escolhida por ela, e vem acompanhado do respectivo clipe, para nos aproximar do universo do disco. Meses depois, o álbum é lançado mundialmente, e Taylor segue lançando mais singles para as rádios, mais clipes, toneladas de merchandising... E tudo culmina em uma turnê de sucesso, para qual os swifties precisam praticamente vender um rim de um familiar para pagar o ingresso.

No caso de *folklore*, tudo foi diferente. Depois de revelar a capa sem aviso prévio em suas redes, Taylor disse apenas que o disco estaria disponível no mesmo dia, à meia-noite. Aparentemente, uma canção chamada **“cardigan”** seria lançada ao mesmo tempo como primeiro single, acompanhada de um dos melhores clipes de sua carreira — dirigido pela própria artista —, que trazia a **mensagem do álbum engarrafada** em apenas quatro minutos, nos quais víamos que a música fora sua salvação — mais uma vez — durante o confinamento. Para personificar esse conceito, Taylor aparecia trancada em uma cabana de madeira com um piano mágico, que lhe permitia escapar para o exterior, e abraçava o instrumento para evitar afundar em um oceano revolto.

É verdade que, durante a pandemia, precisamos agradecer a outras cantoras por terem transformado nossa casa em uma autêntica pista de dança, criado as músicas de que todos precisávamos para lembrar das festas e do contato humano do qual sentíamos falta, ou para gravar uns vídeos para o TikTok, nos distraindo da monotonia do dia a dia. Porém, dentro dessa onda que marcava a volta do som dos anos 1980, liderada pelo incrível trabalho *Future Nostalgia*, de Dua Lipa, Taylor preferiu fazer um exercício de “escapismo”, como ela mesma pontuou ao falar de *folklore* no documentário *folklore: the long pond studio sessions*. Assim, rechaçou as tendências musicais do momento para mergulhar de cabeça em um exercício narrativo e juntou essa nova era a um som mais orgânico do que vinha fazendo há tempos, e no qual sua vida pessoal, que marcara tanto as letras dos trabalhos anteriores, agora ficava em segundo plano para relatar histórias fictícias com cenários e personagens dos quais nunca tínhamos ouvido falar, tornando Taylor a narradora de cada uma delas.

Em *folklore*, conhecemos Betty, James e Inez, três jovens que se entrelaçam devido a um triângulo amoroso ao longo do álbum, cujos integrantes são Betty, James e a narradora da canção August. Inez é a responsável por dizer a verdade à Betty. Também conhecemos Rebekah Harkness, a aristocrata protagonista de **"the last great american dynasty"**, canção que narra a vida de uma mulher que não se encaixa nos moldes da sociedade em que vivia e na qual Taylor traz de volta suas raízes country, quando a conclusão da história narrada traz uma reviravolta inesperada e descobrimos que Taylor acabou comprando a casa em que Rebekah vivia.

Isso talvez seja o elemento mais mágico do álbum: a linha que separa a ficção da vida de Taylor é atenuada mais do que em qualquer outro disco, assim como suas músicas se confundem constantemente com a vida dos swifties.

Além disso, Taylor expõe, em primeira pessoa, ideias e temas que nos eram familiares e que se conectavam diretamente com seu DNA de cantora e compositora, como a inocência de uma bela amizade em **"seven"**, as consequências de uma traição de alguém que acaba arruinando sua vida em **"illicit affairs"**, ou a fúria de uma mulher cansada de servir de gato e sapato, como vemos na melodia de piano contida em **"mad woman"**.

Porque, para um swiftie, apesar de Taylor apresentar o álbum apenas como um exercício de escapismo da realidade, é inevitável não reparar nos momentos em que vemos a humanidade da artista, ao deixar visível seu lado mais vulnerável, como na autobiográfica **"mirrorball"**, um confessionário sobre seu medo incessante de decepcionar os outros caso dê um passo em falso em sua carreira; **"my tears ricochet"**, na qual se dirige especificamente a alguém que agora escuta suas "cantigas roubadas", em referência a tudo o que aconteceu com as masters, que consistem na totalidade de gravações de trabalhos musicais na íntegra, de seus trabalhos anteriores; ou a ideia incerta com a qual briga na linha de pensamento em **"peace"**, na qual ela se pergunta se seu parceiro vai querer estar com ela e se ele será capaz de aceitar que vai ser difícil encontrar paz no dia a dia do relacionamento.

*Com todas essas camadas, Taylor não apenas construiu o próprio refúgio em **folklore**, como fez com que todos nós pudéssemos visitar cada uma dessas histórias e nos perder no interior daqueles bosques sempre que precisarmos. Acho que, como fã, uma artista não poderia nos dar um presente maior do que o sentimento de segurança ao ouvir sua música.*

O álbum foi lançado em um momento difícil, depois de grande parte do planeta entrar em estado de alerta, mas o mundo ainda precisaria se adaptar a uma "nova realidade", na qual seria muito mais difícil se conectar com as outras pessoas. Depois de vários meses em isolamento, voltar à "nova realidade" se tornou uma experiência, no mínimo, confusa. Porque... será que queremos mesmo voltar ao que éramos antes?

À rotina?

Ao imediatismo?

Ao frenesi que era constante no dia a dia de qualquer um?

Ao aceitar voltar àquela realidade, seria necessário retomar algumas coisas que haviam sido pausadas durante a quarentena. Mas se tem algo que o fandom de

Taylor Swift aprendeu é que não existe um momento de "pausa", porque sempre há coisas que permanecem funcionando, como um fio invisível que nos guia pouco a pouco a uma nova era. Tanto é que muitos de nós nem tiveram tempo de pensar em algumas questões com o lançamento de *folklore*, como: Será que Taylor vai sair em turnê com essa era? Como ela vai dar protagonismo para *Lover*? Será que teremos uma turnê "folklover" quando os shows forem liberados?

Ao pensar nisso hoje, acho engraçado como a gente se iludiu. Em 10 de dezembro de 2020, ou seja, apenas quatro meses depois do lançamento do álbum que colocara Taylor outra vez como uma das favoritas ao seu terceiro **Grammy de Álbum do Ano** — o que acabou acontecendo, porque o mundo às vezes é justo —, nossa "folclórica" da Pensilvânia postou uma fotografia colorida na qual aparecia rodeada de árvores, com os cabelos perfeitamente trançados, de costas e vestindo um casaco pesado.

Não se tratava de uma foto casual no jardim de casa, e sim de ela apresentando, sem nenhum pingo de vergonha ou antecipação, seu nono trabalho de estúdio, batizado de ***evermore***. Lembro que quase caí duro quando li que Taylor o definia como a "irmã" de *folklore* e que, assim como o antecessor, estaria disponível a partir da meia-noite daquele dia, junto de seu primeiro — e único — single: **"willow."** Também dirigido por Taylor, o clipe retoma o último quadro de "cardigan" e aprofunda um pouco mais o folclore que constituía o universo escapista que ela nos apresentara, onde a magia e a música davam as mãos para criar novas histórias que, como mostra o fim do clipe, desta vez nos acompanhariam para além de nossas casas. Em suma, mal tivemos tempo de processar o lançamento de seu oitavo álbum e o nono já estava batendo na porta.

É isso que constitui a vida de um swiftie: não importa quando você chegue, vai descobrir que acabou de se inscrever para uma maratona e deve manter a mente aberta para a possibilidade de algo novo surgir de forma inesperada.

Depois de refletir sobre isso com o passar do tempo, acho que faz parte da natureza de Taylor como uma artista prolífica que gosta do seu trabalho: apesar de estar focada em um projeto, está sempre pensando na ideia a ser trabalhada em seguida (ou ao mesmo tempo).

No entanto, gostaria de aproveitar a chegada apressada de *evermore* em nossas vidas para falar da sensação agridoce que parece ter se espalhado por parte do fandom nos últimos anos. Embora o normal seja ficar feliz porque sua artista favorita está lançando cada vez mais material para ser desfrutado, é inegável que algumas vezes é difícil lidar com tudo o que permeia o universo de Taylor Swift: um novo *easter egg* numa foto do Instagram, um novo conjunto de merchandising a um preço exorbitante, um monte de remixes de um single que salvamos na biblioteca do Spotify sem escutar nenhuma vez... Para citar a própria Taylor no documentário *Miss Americana*: "It just feels like it's more than music now at this point."[15] Nós, swifties, vemos Taylor como uma artista que admiramos, cuja música nos acompanha ao longo dos anos, e que inclusive mudou nossas vidas, mas às vezes nos esquecemos de que **Taylor Swift** também é uma empresa, com uma grande equipe de marketing e comunicação, cujo principal objetivo é maximizar o lucro e aumentar o império construído por ela como uma pessoa bilionária, que acumulou diversos recordes, prêmios e reconhecimento global. É normal que nós, fãs, nos esqueçamos dessa parte menos artística, menos mágica e pessoal dos negócios da música, mas na realidade tudo isso também é imprescindível para sustentar, a longo prazo, a carreira de uma artista que se tornou elemento-chave da cultura pop. Acho importante ter isso em mente para não se deixar levar por tudo que essa questão traz. Você não é mais ou menos swiftie por não ter comprado as oito edições de *folklore*, por não ter uma camiseta oficial de *reputation* na gaveta, ou por não saber de cor cada uma das indicações ao Video Music Awards que Taylor acumulou ao longo da carreira. Todas essas coisas são complementos, expansões de seu universo que o enriquecem e o tornam mais complexo, mas que, na verdade, nascem como consequência do que é mais importante: a música, a conexão emocional que você construiu com a artista, e o fato de poder criar memórias ligadas às músicas dela. Se mantiver o foco nisso, vai chegar ao final da maratona tendo aproveitado todo o caminho.

[15] "Nesse momento, parece que tudo isso vai além da música."

Como você deve ter notado, este é o único capítulo que trata de dois álbuns de forma mais aprofundada. O que acontece é que, assim como emprestar o casaco àquela irmãzinha distraída quando está frio, é impossível falar de *evermore* sem falar de *folklore* e vice-versa. Afinal, em *evermore* Taylor seguiu explorando um caminho no qual encontrara uma nova liberdade criativa, que a havia levado a fazer música como nunca antes, junto de Jack e Aaron, que mantinham o equilíbrio do som mais etéreo de seus últimos álbuns com o toque mais folk e alternativo dessa nova era. Isso fez Taylor querer seguir perdida um pouco mais naquele imaginário onde se deparava com histórias de assassinato (**"no body, no crime"**), de amantes que brincam com a ideia de ser algo a mais (**"ivy"**) e de mulheres que querem colocar um ponto final em relacionamentos que simplesmente toleram seu amor em vez de celebrá-lo (**"tolerate it"**). No fim das contas, esse álbum termina em uma linha de pensamento com Bon Iver — que já tinha feito uma participação em *folklore* —, com Taylor concluindo que a dor causada por um período sombrio não dura para sempre (**"evermore"**). E quando chegamos aos limites dessa floresta, fizemos a seguinte pergunta: estávamos dispostos a sair dali?

O lançamento de *evermore* no fim de 2020 fez com que, de certa forma, tivéssemos que encarar essa questão. O mundo havia mudado, e nós ainda estávamos nos adaptando a ele. Durante essa época, depois de comprovar que a produtividade de Taylor parecia não ter limites, surgiram rumores de um terceiro volume para completar a trilogia de *folklore* e *evermore*, supostamente intitulado ***woodvale***, que nunca foi confirmado. O boato surgiu porque essa palavra aparecia escondida em uma das capas alternativas da edição física de *folklore*, mas no fim era apenas um erro de impressão explicado pela própria Taylor em uma entrevista. Ao pensar nisso hoje, na verdade — e por mais dolorido que seja —, faz sentido que não existisse um terceiro álbum. Já discutimos o fato de que a arte é um refúgio de portas abertas sempre que precisemos, porém, ainda mais no caso de uma cantora e compositora, a arte também se alimenta dessas experiências e detalhes do dia a dia, mesmo que nem sempre reparemos ou pensemos neles. Tínhamos que seguir em frente, e com *evermore* colocamos o ponto final a um dos anos mais estranhos da nossa vida, acompanhados por uma grande coleção de histórias e canções que, como o restante de álbuns de Taylor, sempre estão ali caso a gente queira dar uma volta juntos.

Capítulo 9
Midnights

Nothing is permanent, so I'm very careful to be grateful for every second that I can do this at this level, because it's been taken away from me before. There's one thing I've learned: my response to anything that happens, Good or bad, is to keep doing things.[16]

Taylor Swift em "Person of the Year 2023" para a revista *Time*

[16] Nada é permanente, por isso tenho muito cuidado em ser grata por cada segundo que posso desfrutar nessas condições, porque isso já foi tirado de mim antes. Há uma coisa que aprendi: minha resposta a qualquer coisa que aconteça, boa ou ruim, é continuar fazendo coisas.

and by the way
I'm going out
tonight

A noite nos deixa mais vulneráveis. Há algo que toma conta nas horas que o sol se põe, cheias de silêncio, e faz com que nossos pensamentos voem como pequenas libélulas, e que nossa atenção toda se concentre neles. Quando não há mais distrações e fechamos os olhos para dormir, podem surgir aquelas preocupações que nos mantêm acordados por mais tempo do que gostaríamos: uma conversa sem solução, **o rosto de uma pessoa que memorizamos como a letra da nossa música favorita**... ou até uma decisão que precisamos tomar e que pode mudar o curso de nossa vida para sempre.

Ficar sozinho com os próprios sentimentos faz com que, por exemplo, pegar o celular e mandar uma mensagem, da qual podemos nos arrepender no dia seguinte, se torne mais fácil do que nunca. Ouvir nossos desejos e afastar o medo que nos impede de fazer algo que sonhamos e queríamos transformar em realidade parece possível, até mesmo óbvio, durante as horas de escuridão. Somos mais sinceros conosco, como se conseguíssemos nos soltar das amarras das inseguranças que nos ajudam a suportar o dia a dia. Porque, na verdade, enfrentar a si mesmo é provavelmente **a grande guerra** que precisamos aprender a vencer. Ao longo da vida, teremos de enfrentar muitas dessas batalhas.

É assim que transformamos a meia-noite em uma oportunidade de olhar para trás, de repassar os caminhos que nos conduziram a quem somos e de observar atentamente cada um dos passos — nem todos simples — que demos para chegar aonde estamos, e olhar para os que ainda devem ser percorridos.

Midnights é, no momento que digito estas palavras, a última era de Taylor, sem contar com seu projeto das regravações. Chega depois de dezoito anos de carreira dedicados de corpo e alma à música, à criação de canções e de histórias que surgiram no coração do diário de uma jovem que queria apenas colocar os sentimentos em ordem e projetar seus desejos. E que, **sem que nada tenha sido um acidente**, acabou sendo uma parte fundamental da vida de milhões de pessoas.

Muitos de nós, swifties, pensávamos que, em seu décimo álbum de estúdio, Taylor teria um grande desafio pela frente e nos mostraria um novo caminho ou um novo som, que nos surpreenderia depois de ter trabalhado com diversos gêneros musicais e ter demonstrado uma evolução que muitos outros artistas da indústria não conseguiram "sustentar", muito menos aproveitar tal circunstância para conquistar um público novo com o passar dos anos. No entanto, tendo em vista que os swifties gostam de brincar de detetive em níveis absurdos, ***Midnights*** não foi o que achamos em um primeiro momento — mais alguém está esperando um álbum puramente de rock por parte de miss Americana? — com aquela capa misteriosa, que mostrava Taylor olhando diretamente para chama de um isqueiro, disposta a incendiar tudo. Depois de anunciá-lo de surpresa no **Video Music Awards de 2022** — lembre-se de que os swifties estavam esperando uma turnê de *Lover, folklore* e *evermore* —, Taylor o apresentou nas redes sociais descrevendo as faixas do álbum como "treze noites que a mantiveram acordada ao longo de sua vida". E o que pensamos que poderia dar forma ao disco — alguns momentos de sua vida ainda desconhecidos por nós, que poderíamos situar em diferentes partes de sua carreira ao escutar o álbum — acabou sendo pouco frente ao que nossa loirinha favorita apresentou. Por meio de treze músicas que compõem a versão padrão, a artista adotou uma visão introspectiva para analisar a si mesma como artista e responder à pergunta que outros podem ter se feito ao longo das próprias carreiras: como conseguiu? Como ao longo de dezesseis anos, ela conquistou nossos corações?

Se alguém dissesse à Taylor, no começo de sua carreira, que um dia ela quebraria recordes na indústria musical em apenas um piscar de olhos, ela não teria acreditado. A garota que conhecemos naquela época ainda tinha muito a aprender com a viagem que começou com seu álbum de estreia; uma garota com inseguranças comuns aos dezessete anos, que nunca foi muito popular na escola, que não sabia os desafios que teria pela frente como mulher e compositora na música, e cuja percepção do amor — o carro-chefe de sua discografia — refletia uma visão um tanto ingênua, construída pelo imaginário das histórias de amor clássicas da cultura popular, romances que ela desejava viver como se fosse protagonista de um conto de fadas.

> *E, como fã, se há algo mais gratificante do que tê-la acompanhado ao longo dos anos, dessas experiências pessoais refletidas em suas músicas, é ter testemunhado essa transformação e maturidade que veio de maneira gradual, culminando em Midnights.*

É isso que vemos quando ela abre o disco com uma canção como **"Lavender Haze"**, na qual escutamos a voz de uma mulher totalmente consciente das expectativas que os outros despejam nela constantemente — não como artista, mas como mulher — e vemos que aprendeu a não dar ouvidos a vozes desconhecidas que sempre tentaram estragar seus relacionamentos, e agora quer desfrutar plenamente delas de modo privado. Temos diante de nós uma Taylor que sabe priorizar a si mesma e seu futuro em vez de buscar agradar às outras pessoas (**"Midnight Rain"**), que traça todas as linhas que acha necessárias, e que não fica calada — como a obrigaram a ficar por um longo tempo — quando alguém tenta sabotar seu império construído com suor e lágrimas (**"Vigilante Shit"**), onde fantasia sobre arruinar a vida de Scooter Braun tirando-lhe tudo o que mais quer, assim como ele tirou dela a possibilidade de ser dona de seu próprio trabalho). Uma Taylor que, **diante de um homem que "tolera" seu amor em vez de celebrá-lo**, prefere sair para se divertir e celebrar a si mesma, como demonstra em **"Bejeweled"**. Uma mulher que acredita em causa

e efeito, na lei do **"Karma"** e que caminha em paz com as decisões que tomou, porque sabe que as pessoas acabam se queimando sozinhas de uma forma ou de outra.

No entanto, nesse álbum, Taylor também não tenta retratar a si mesma como uma pessoa perfeita, nem como o sonho de miss Americana, que a acompanhou por anos, pois está consciente de que, se se mostrar vulnerável, então é capaz de se aprofundar em suas questões e aproximar seus medos mais pessoais a seus fãs, fazendo de **"Anti-Hero"** a carta de apresentação de *Midnights*, um hino que apresenta fantasmas pessoais com os quais os próprios fãs podem se identificar. Taylor sabe — sempre soube, mas neste disco mais do que nunca — a importância de mostrar seu lado mais humano para os fãs, que continuam a vê-la como uma amiga próxima. Apesar de, por um fenômeno natural e ao mesmo tempo esquisito, a distância entre nós e ela continuar aumentando cada vez mais conforme sua fama cresce vertiginosamente.

E, como mostrado no restante de suas eras, um disco de Taylor sempre tem espaço para falar de amor e do fascínio que continua a despertar nela como compositora depois de quase duas décadas falando do assunto: neste caso, sua esperada colaboração com Lana Del Rey em **"Snow on the Beach"**, que dividiu as opiniões do fandom desde o lançamento. Ainda não entendo por que, já que é simplesmente perfeita, sendo a prova mais evidente de que ela sabe capturar o mistério de se apaixonar. Uma sensação inebriante que Taylor não hesita em abraçar mesmo com todas as consequências. Essa música, além disso, compartilha o espaço com outra mulher que definiu não só parte do som de Taylor desde *1989*, como também o da música pop na última década — afinal, Jack Antonoff, colaborador recorrente de Taylor, também é parte fundamental dos álbuns de Lana. Com Taylor, percorremos um labirinto no qual, depois de uma decepção amorosa, a artista parece querer se perder e continuar a explorar as nuances disso em vez de encontrar a saída (**"Labyrinth"**). Em **"Question...?"**, aceita que, mesmo que os anos passem, pode se permitir questionar aquele relacionamento que a marcou para sempre, mas que, ao olhar para trás, percebe que foi melhor que tenha ficado apenas na memória. E em **"Sweet Nothing"**, depois de se perguntar como é o amor de verdade, conclui que se parece bastante com chegar em casa depois de um dia longo e encontrar seu parceiro te esperando sem pedir nada em troca, no lugar onde pode ser você mesma.

Embora pareça um pouco de exagero nos colocarmos nesse lugar de protagonismo, sabemos que estamos no coração de toda essa história. E, para nos atacar pessoalmente e nos fazer chorar sempre que ouvimos o refrão, temos **"You're On Your Own, Kid"**, como se encerrasse um ciclo na "track 5" do álbum. Quando se é fã de uma cantora, as pessoas tendem a se concentrar em sua vida, por ser alguém construído na mente delas através das telas, entrevistas e fotos, por meio de opiniões nas redes sociais e, claro, das milhares de horas que passamos consumindo sua música, a principal razão para terem começado esse relacionamento em primeiro lugar. Todas essas informações que conectamos na nossa cabeça, somadas ao tempo que dedicamos no dia a dia, fazem com que acreditemos que, sem a ajuda de nossos ídolos, não teríamos superado alguns problemas na vida, e que essa pessoa foi uma peça fundamental e esteve presente para nós através de sua arte.

Em "You're on Your Own, Kid", porém, Taylor escreve uma carta destinada a si mesma para mostrar que, na realidade, sempre estivemos sozinhos e, ao mesmo tempo, precisamos escutar nossa intuição enquanto crescemos.

E para terminar, na última música de *Midnights*, **"Mastermind"**, Taylor se abre com seu público em uma confissão sobre os próprios atos que parece ser para um amante, na qual revela que planejou todos os passos da relação para garantir que ele quisesse estar com ela. No entanto, é difícil não ler nas entrelinhas e traçar um paralelo com o cuidado de Taylor com sua relação com os swifties, escondendo pistas para que descobríssemos e nos sentíssemos parte de seus lançamentos, como as

mensagens escondidas que colocava nos livretos dos discos, ou convidando secretamente alguns fãs para ouvirem um dos álbuns antes do lançamento na casa dela, ou ao distribuir pulseiras nos shows para acesso gratuito ao backstage. Tudo com a condição de não a abandonarmos, uma vez que, como diz nos últimos minutos do álbum, à beira do choro, "ninguém queria brincar comigo quando eu era pequena, e por isso desde então planejo tudo como uma criminosa, para que os outros me amem e façam com que pareça muito fácil". Essa frase não apenas nos mostra a Taylor de hoje, mas é como se ela fizesse as pazes consigo mesma para olhar em volta e enxergar que ainda tem muitas histórias para contar. E, pensando bem... será que alguma coisa indicaria o contrário?

Não, e a **The Eras Tour** é uma resposta a isso. Um marco sem precedentes que mudou até mesmo a forma de comprar ingressos a preços exorbitantes, transformando a compra em uma espécie de jogos vorazes com todos dispostos a participar, especialmente nos Estados Unidos.

> *O que até ali consistia em esperar pacientemente pela abertura das vendas e cruzar os dedos para que os ingressos não esgotassem enquanto estávamos na fila virtual, se tornou algo inédito com a The Eras Tour.*

A quantidade de pessoas esperando derrubou os servidores das plataformas de vendas; então, com as datas anunciadas, a primeira coisa a ser feita era se inscrever na cidade ou cidades de interesse e esperar para ver se seria um dos sortudos a receber, aleatoriamente, um código. Para que servia esse código? Basicamente, para entrar no site de vendas no dia certo e, ainda assim, não era garantido conseguir um ingresso, porque cada pessoa podia comprar até quatro. Isso foi planejado para evitar a revenda massiva de ingressos, mas milhares de pessoas — que sem dúvida têm um lugar reservado no inferno — acabaram vendendo esses códigos.

Portanto, a Ticketmaster — praticamente um monopólio no setor de vendas de ingressos de shows atualmente, depois da fusão com a Live Nation em 2018, que por sua vez tem direitos de exclusividade para shows no mundo todo — precisou se desculpar publicamente com Taylor e seus fãs pelo caos provocado, o que inclusive chegou a ser tema de um debate no Senado dos Estados Unidos. Porém, outros artistas precisaram adotar essa péssima estratégia de vendas para seus shows. É algo que, pessoalmente, considero uma barreira da indústria que torna cada vez mais difícil ouvir nossas músicas favoritas ao vivo, e busca apenas explorar tudo que pode a níveis insustentáveis. Tudo isso transforma um show em um bem de luxo, sem levar em conta quem realmente sustenta os artistas com tempo e dinheiro: **os fãs**.

Nos anos 2000, era comum que grandes artistas tentassem impulsionar a carreira, às vezes depois de um tropeço no caminho, com um álbum de compilação dos maiores sucessos —, mas as playlists e serviços de streaming fizeram esse tipo de lançamento perder grande parte do sentido. Por isso, acredito que a **The Eras Tour**, a turnê de maior sucesso em arrecadação da história da música, tenha se tornado a coisa mais próxima de um "greatest hits" de Taylor Swift que teremos. Estamos falando de um setlist de mais de três horas, no qual Taylor revisita seu legado e mostra, mais uma vez, que é uma das artistas mais entregues ao público que existem. Mas não só isso, é ainda o evento do século para qualquer swiftie, um ponto de encontro de milhares de pessoas prontas para finalmente cantar o refrão de **"Cruel Summer"** a plenos pulmões, que se emocionam ao lembrar da primeira vez que ouviram as músicas, onde fãs de todos os cantos do mundo trocam pulseiras da amizade sem nunca ter visto antes pessoalmente ou saber quem são as outras pessoas. Não é preciso, Taylor já se encarregou disso: de fazer com que cada uma dessas experiências individuais se entrelaçasse nesta turnê para dar vida a uma experiência única e compartilhada. Todos os momentos possíveis de serem vividos ali, a razão pela qual ninguém quer perder a turnê, só reforça o que é evidente: a influência de Taylor sobre nós é maior do que qualquer um poderia imaginar, e sua música é importante e pode falar com todo mundo se for dada a oportunidade, e que todos somos bem-vindos nesta experiência coletiva. Não importa quem somos.

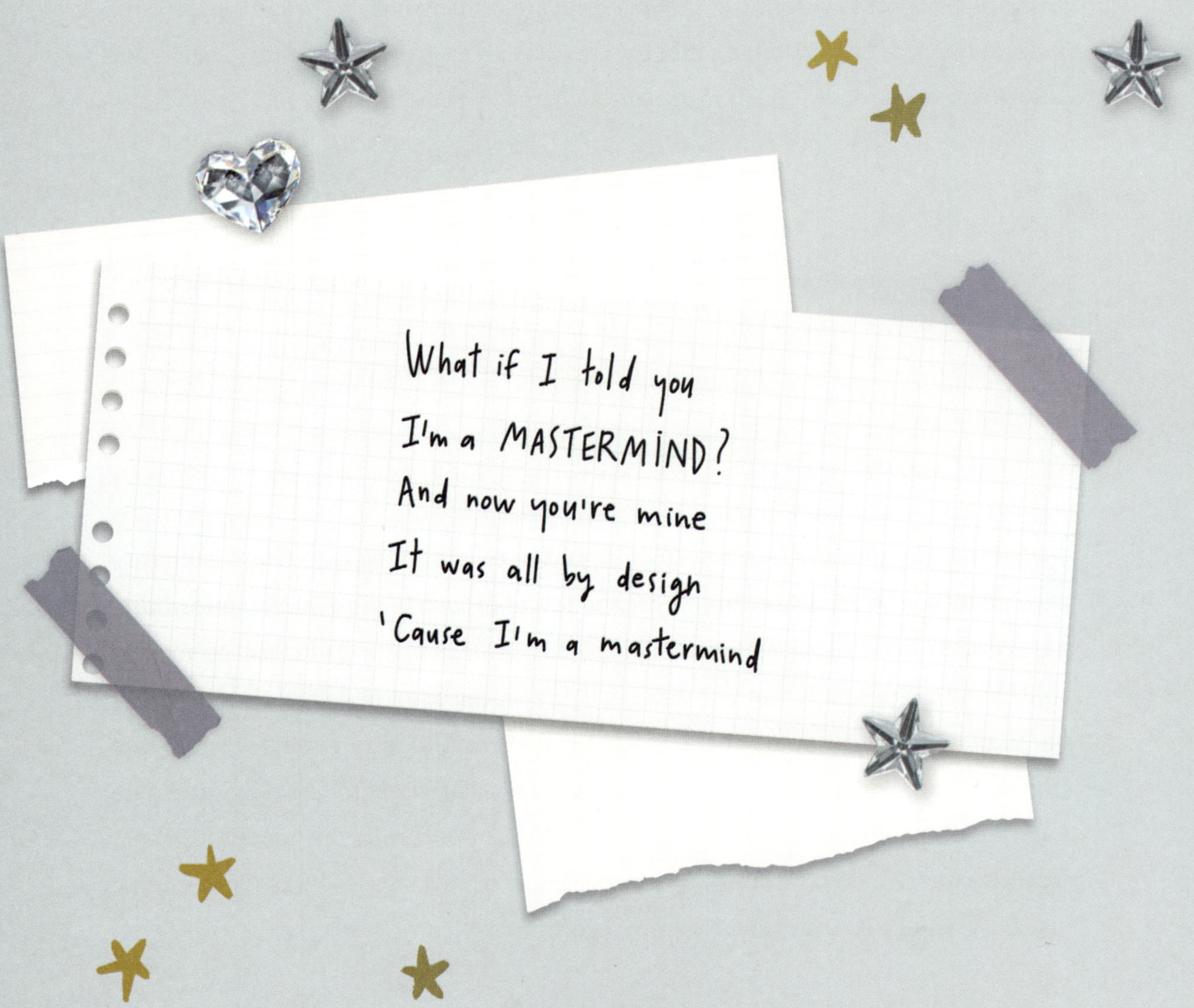

EPÍLOGO

Em dezembro de 2023, com cerca de 110 milhões de ouvintes mensais no Spotify, Taylor ultrapassava a última posição para se colocar no topo de uma montanha que escalava desde 2015, tornando-se a artista mais ouvida na plataforma a nível global naquele ano. Essa conquista, que teria sido mais um momento de celebração para qualquer outra estrela da música, no caso de Taylor foi um pouco como fincar a bandeira na Lua; era a meta que tinha desde o início de sua relação de altos e baixos com os serviços de streaming. Mas lá estava ela, mais uma vez, coroando o que provavelmente havia sido o melhor ano de sua carreira, do topo de um castelo que se erguia mais forte do que nunca, sem rachaduras aparentes.

Com algumas regravações se aproximando, um novo álbum aparentemente a caminho e seu crescente interesse em seguir como diretora audiovisual, é inevitável que os swifties se perguntem... "o que falta ela conquistar?"

No documentário ***Miss Americana***, Taylor reflete sobre como se sente ao se aproximar dos trinta anos como uma mulher na indústria musical. A cantora afirmou que, ao contrário dos homens, artistas femininas são obrigadas a se reinventar constantemente, a explorar novas facetas de si mesmas para continuar relevantes por mais alguns anos, para manter o público entretido, num equilíbrio difícil de alcançar, e no qual arriscam tudo a cada tentativa. Porém, antes do lançamento de *Lover*, Taylor pensava que seria uma das últimas oportunidades para alcançar o sucesso esperado de uma artista como ela. Quatro anos e três álbuns depois, *Midnights* e a **The Eras Tour** nos mostram o contrário.

O que mais se pode esperar de uma artista que parece já nos ter dado tudo o que podíamos querer? Mensagens secretas para se comunicar com os fãs, canções cujas letras viraram tatuagens para a vida toda, turnês com ingressos esgotados na velocidade da luz apesar dos problemas para comprá-los, clipes que parecem filmes de grande orçamento, *easter eggs* que nos deixam na expectativa por um novo projeto, músicas originais para trilhas sonoras, papéis em alguns filmes questionáveis — sim, falo de todos eles, mas especialmente de *Cats*. Simplesmente, como disse Cady Heron, a protagonista de *Meninas malvadas* (Mark Waters e Tina Fey, 2004), "o limite não existe".

Temos sido meras camponesas, pessoas contemplativas percorrendo os lugares solitários de sua cidadezinha, e olhamos para o mundo nos perguntando: "Quem disse que não posso me jogar e realizar meus sonhos?"

Conseguimos terminar a escola, um lugar que parecia determinante para nosso futuro, mas aprendemos que nem tudo o que acontece ali nos define para sempre. **Que faremos coisas mais importantes, no nosso ritmo, e vamos perceber, felizmente, que a vida é muito mais do que pensávamos aos quinze anos.**

Tivemos o coração preso a um conto de fadas, fascinados com a ideia de um romance perfeito e mágico, e isso nos fez dizer o que pensávamos no momento certo, para que não nos arrependêssemos depois.

Nosso coração foi partido sem piedade. Choramos como se não houvesse amanhã por uma pessoa — ou por várias — que parecia ser o amor de nossas vidas, e acabamos aprendendo a enxergar as bandeiras vermelhas e a curar feridas para que, quando estivéssemos prontos, voltássemos a dar outra chance ao jogo do amor.

Quando achávamos saber tudo sobre nós mesmos, decidimos procurar uma versão nova e celebrar todas as nossas vitórias com estilo. Arriscamos e mostramos ao mundo que não devia nos subestimar e que **sempre temos um ás na manga e nossa própria letra escarlate bordada com orgulho.**

Depois de aproveitar as festas e luzes mais brilhantes, encontramos pessoas não tão confiáveis que vão tentar nos derrubar. Porém, **voltamos dos mortos** depois de nos terem enterrado, e também entendemos que a única opinião à qual devemos dar atenção é a das pessoas que se preocupam conosco e que fazem com que nos sintamos em casa.

Nos apaixonamos! Com friozinho na barriga e tudo, por mais brega que pareça — não era isso que sempre procuramos? Mostraram para nós que o amor não deve ser doloroso, nem consiste em carregar a foto do rosto do parceiro em um medalhão invisível, e sim lança uma luz dourada nos dias mais sombrios e traz paz quando precisamos.

Também passamos por períodos nos quais a imaginação era nosso único refúgio, **como a sombra de um salgueiro curvado pelo vento**, e, nesse espaço seguro, inventamos histórias cheias de fios invisíveis, triângulos amorosos ou herdeiras à frente de seu tempo.

E, finalmente, aqui estamos, olhando para trás para que então possamos seguir em frente. Tirando um momento para rever todo o caminho percorrido e o tempo que levamos para chegar aqui. Reconhecendo os méritos, as idas e vindas de quem nos acompanhou em cada trecho e que seguem conosco na busca da próxima conquista que nos propusermos a alcançar.

Eu sempre digo — e provavelmente você já ouviu isso de alguém — que agradeço ao universo por existir na mesma época que Taylor, porque ela estava ao meu lado quando percorri caminhos que ela narra em suas músicas, e não foi difícil traçar paralelos com as canções. No fim, é isso que qualquer fã quer de seus artistas favoritos: que suas músicas criem universos cheios de cores brilhantes que às vezes fazem falta na vida real, e não há dúvidas de que **Taylor** soube ouvir o que precisávamos desde o começo.

Em cada um de seus mundos pudemos encontrar pelo menos uma coisa que fazia sentido com o nosso, e que nos manteve conectados com o fandom. E se alguém pensa que Taylor não tem mais aonde ir ou mais histórias para escrever para que possamos encontrar uma brecha de magia no dia a dia, talvez seja um bom momento para dar este livro a essa pessoa. Sem dúvida, novos objetivos vão surgir na carreira de Taylor, e testemunharemos novas músicas com o potencial de se tornar favoritas, e nada me deixa mais animado do que saber que vamos descobrir isso juntos.

*Porque se você é um swiftie, provavelmente pensa todos os dias em uma música de Taylor, que sabe de cor como uma oração. Quando você ouve uma música dela, é impossível não cantarolar. E, **sempre que estivermos em um lugar** onde nos sentimos sozinhos, saberemos que podemos encontrar alguém com uma vida mais parecida com a nossa do que pensávamos ser possível.*

E, nesse momento, vai existir uma música para marcá-lo em sua memória, e que levará você de volta para ele mesmo anos depois, como se fosse a primeira vez.

REFERÊNCIAS

Pág. 9: "A Place in this World", composta por Robert Orrall, Angelo Petraglia e Taylor Swift.

Pág. 9: Taylor Swift, discurso antes de cantar "Delicate" no documentário musical *Taylor Swift: Reputation Stadium Tour*, dirigido por Paul Dugdale, 2018, Taylor Swift Productions.

Pág. 16: Taylor Swift, 6 de março de 2019, revista *Elle*, "30 Things I Learned Before Turning 30", Hearst: Nova York.

Pág. 17: "Love Story", composta por Taylor Swift.

Págs. 20 e 25: "Fearless", composta por Hillary Lindsey, Liz Rose e Taylor Swift.

Pág. 26: Taylor Swift, 2023, prólogo do disco Speak Now (Taylor's Version), Republic Records.

Pág. 27: "Enchanted", composta por Taylor Swift.

Págs. 33, 65 e 95: Taylor Swift, *Miss Americana*, dirigido por Lana Wilson, 2020, Tremolo Productions.

Pág. 36: "All Too Well", composta por Liz Rose e Taylor Swift.

Pág. 37: Taylor Swift, discurso antes de cantar "All Too Well" na Red Tour, 1 de junho de 2014, Tóquio.

Pág. 45: "22", composta por Max Martin, Shellback e Taylor Swift.

Pág. 46: Taylor Swift, discurso na cerimônia de formatura da Universidade de Nova York, 18 de maio de 2022.

Págs. 47 e 118: "New Romantics", composta por Max Martin, Shellback e Taylor Swift.

Pág. 49: "New Romantics", composta por Max Martin, Shellback e Taylor Swift.

Pág. 59: "Blank Space", composta por Max Martin, Shellback e Taylor Swift.

Pág. 60: "Delicate", composta por Max Martin, Shellback e Taylor Swift.

Pág. 61: Taylor Swift, 2017, poema "Why She Disappeared", reputation, Big Machine Records.

Pág. 71: "Call It What You Want", composta por Jack Antonoff e Taylor Swift.

Pág. 72: Taylor Swift, 30 de outubro de 2019, The Zane Lowe Show, Apple Music.

Pág. 73: "Lover", composta por Taylor Swift.

Pág. 84: "cardigan", composta por Aaron Dessner e Taylor Swift.

Pág. 85: Taylor Swift no documentário musical *folklore: the long pond studio sessions*, dirigido por Taylor Swift, 2020, Taylor Swift Productions e Big Branch Productions.

Pág. 97: "marjorie", composta por Aaron Dessner e Taylor Swift.

Pág. 98: Sam Lansky, 6 de dezembro de 2023, revista *Time*, "Person of the Year 2023: Taylor Swift", WarnerMedia, Nova York.

Pág. 99: "Bejeweled", composta por Jack Antonoff e Taylor Swift.

Pág. 109: "Mastermind", composta por Jack Antonoff e Taylor Swift.

Pág. 111: Cady Heron em Meninas malvadas, dirigido por Mark Waters, 2004, Broadway Video.

Págs. 118 e 119: "Long Live", composta Taylor Swift.

Pág. 118: "The Best Day", composta Taylor Swift.

Pág. 118: "willow", composta por Aaron Dessner e Taylor Swift.

Pág. 118: "I'm Only Me When I'm With You", composta por Robert Orrall, Angelo Petraglia e Taylor Swift.

Pág. 118: "invisible string", composta por Aaron Dessner e Taylor Swift.

TIMELINE

13 de dezembro de 1989
Taylor Alison Swift nasce na Pensilvânia (Estados Unidos)

2001
Taylor aprende a tocar violão e compõe sua primeira canção: "Lucky You"

2004
Taylor toca no Bluebird Café e conhece Scott Borchetta

2005
Taylor assina um contrato de treze anos com a Big Machine Records

19 de junho de 2006
Lançamento de seu primeiro single, "Tim McGraw"

24 de outubro de 2006
Lançamento de seu primeiro álbum, *Taylor Swift*

12 de setembro de 2008
Lançamento de "Love Story" como primeiro single do novo álbum

11 de novembro de 2008
Lançamento do álbum *Fearless*

23 de abril de 2009
Taylor embarca em sua primeira turnê: The Fearless Tour (e começa a compor *Speak Now*)

13 de setembro de 2009
Taylor ganha seu primeiro Video Music Award com "You Belong With Me" (e se inicia a treta pública com Kanye West depois que ele a interrompe no palco)

31 de janeiro de 2010
Taylor ganha o Grammy de Álbum do Ano com *Fearless* (e mais três prêmios!)

4 de agosto de 2010
Lançamento de "Mine" como primeiro single de seu álbum novo

25 de outubro de 2010
Lançamento de *Speak Now*

9 de fevereiro de 2011
Taylor embarca na Speak Now World Tour

13 de agosto de 2012
Lançamento de "We Are Never Ever Getting Back Together" como primeiro single do álbum novo

22 de outubro de 2012
Lançamento de *Red*

13 de março de 2013
Taylor sai em turnê com a The Red Tour

26 de janeiro de 2014
Red perde o Grammy de Álbum do Ano para Daft Punk (e Taylor tem um sonho revelador sobre seu próximo álbum)

Agosto de 2014
Taylor faz uma live com a plataforma Yahoo e o canal ABC News onde anuncia *1989* e lança o clipe de "Shake It Off"

8 de setembro de 2014
A treta com Katy Perry se torna "pública" com o artigo "The Reinvention of Taylor Swift", na revista *Rolling Stone*

27 de outubro de 2014
Lançamento de *1989*

Novembro de 2014
Taylor retira todo o seu catálogo do Spotify e de outras plataformas de streaming

8 de fevereiro de 2015
Taylor e Kanye são fotografados juntos na cerimônia do Grammy e parece que os problemas entre os dois acabaram

5 de maio de 2015
Taylor sai em turnê com The 1989 Tour e parece dominar o mundo

Junho de 2015
Taylor publica a carta aberta à Apple Music e, uma semana depois, publica sua discografia completa na plataforma

9 de fevereiro de 2016
"Famous", de Kanye West, estreia no Yeezy Show e as pessoas reagem ao polêmico verso sobre Taylor

12 de fevereiro de 2016
1989 ganha o Grammy de Álbum do Ano e Taylor responde a Kanye West em seu discurso de agradecimento, o que volta a colocar lenha na fogueira da briga

16 de julho de 2016
Dia Internacional da Cobra

17 de julho de 2016
Kim Kardashian divulga no Snapchat a conversa editada entre Taylor e Kanye sobre a música "Famous", e então Taylor tuita "I would very much like to be excluded from this narrative..." e começa uma crise em sua reputação

Durante esta época,
é difícil datar com exatidão, mas Taylor desaparece do escrutínio público por um ano

Junho de 2017
A discografia completa de Taylor é relançada no Spotify

18 de agosto de 2017
Taylor apaga todas as postagens e desaparece das redes sociais

21 de agosto de 2017
Taylor publica a primeira de três imagens que formariam uma cobra, antecipando um novo lançamento

24 de agosto de 2017
Lançamento de "Look What You Made Me Do" como primeiro single de *reputation* e podemos dizer que oficialmente **a antiga Taylor morreu**

7 de novembro de 2017
Taylor publica um vídeo das *secret sessions* ouvindo o álbum antecipadamente junto de fãs

10 de novembro de 2017
Lançamento de *reputation*

8 de maio de 2018
Taylor dá início a Reputation Stadium Tour e volta a dominar o mundo como a rainha que é

19 de novembro de 2018
Taylor anuncia que deixará a Big Machine Rercords e se juntará à Universal Music

25 de abril de 2019
Um mural de uma borboleta gigante surge em Nashville, e Taylor depois publica uma fotografia da arte nos stories do Instagram com uma contagem regressiva

26 de abril de 2019
Estreia do clipe "ME!", primeiro single de *Lover*

17 de junho de 2019
O clipe de "You Need to Calm Down" é lançado, e Katy Perry e Taylor Swift voltam a ser vistas juntas depois da briga

22 de agosto de 2019
Taylor anuncia no *Good Morning America* que regravará seus álbuns anteriores e declara guerra contra Scooter Braun

23 de agosto de 2019
Taylor lança o álbum *Lover*

17 de setembro de 2019
Taylor anuncia as primeiras datas da Lover Fest

31 de janeiro de 2020
Estreia o documentário *Miss Americana*

27 de abril de 2020
Taylor lança a foto histórica com a legenda *"Not a lot going on at the moment"*

23 de julho de 2020
Taylor anuncia de surpresa seu novo álbum *folklore*

24 de julho de 2020
Lançamento de *folklore*, com "cardigan" como primeiro single

25 de novembro de 2020
Estreia o documentário *folklore: the long pond studio sessions*

10 de dezembro de 2020
Taylor anuncia de surpresa seu novo álbum *evermore*

11 de dezembro 2020
Lançamento de *evermore*, com "willow" como primeiro single

Fevereiro de 2021
Lover Fest é oficialmente cancelada (e nossos sonhos caem por terra)

29 de agosto de 2022
Taylor anuncia *Midnights*, seu décimo álbum de estúdio

21 de outubro de 2022
Lançamento de *Midnights*

1 de novembro de 2022
Taylor anuncia no *Good Morning America* que fará uma nova turnê mundial

17 de março de 2023
Começa a The Eras Tour

AGRADECIMENTOS

Marcos

Meu quarto livro, e sem dúvida um dos mais especiais que vou escrever em toda a minha vida.

Obrigado a todas as pessoas envolvidas neste projeto. Ao meu agente, Jordi, e a toda a equipe do IMC; à minha editora, Sara; à Laia, por confiar no meu texto e enchê-lo de magia com as ilustrações mais incríveis que eu podia imaginar. Para Ariadna, Alícia, Iria e toda a equipe do Grupo Editorial Penguin Random House. A todas as editoras incríveis que apostaram em traduzi-lo, e aos leitores e leitoras desses países que me deram uma oportunidade. *"One day, we will be remembered."*

À minha família, por estar comigo a cada passo e me ajudar em todos eles. *"I know I had the best day with you."*

A Elías, pela paciência. E também por cantar comigo as letras que fazem parte de mim. *"Wherever you stray, I follow."*

Aos meus amigos, às pessoas que ficam felizes por eu continuar realizando meus sonhos e me deixam compartilhá-los com elas. *"And I'm only me when I'm with you."*

Agradeço ainda a todos que apoiaram ***El Podcast de Taylor Swift*** ao longo dos anos, um projeto que começou como uma ideia repentina, uma distração durante a pandemia, e que me trouxe tantas alegrias. Sem vocês, esse sonho nunca teria se tornado realidade. Vocês têm minha gratidão eterna. *"Baby, we're the new romantics!"*

E a você, que chegou até esta página. Seja quem for, tenho certeza de que alguma música da Taylor nos conecta de algum jeito. *"Isn't it just so pretty to think...?"*

Laia

Em primeiro lugar, quero começar agradecendo a Ariadna por pensar em mim para este projeto, por lutar pelas coisas justas, por ser a melhor *hype woman* com cada esboço que eu mandava e por ser um ser iluminado. Não há pessoa melhor do que ela para estar por trás do design deste livro. Vivam as joias!

Em segundo lugar, agradeço ao destino por ter colocado Marcos e eu juntos neste projeto. Não nos conhecíamos e descobri que ele é uma pessoa maravilhosa, com muito talento e uma mente brilhante. Ainda por cima, estamos na mesma onda de "fangirl" para tudo que envolva a Taylor, e não poderia estar mais grata por fazer parte deste projeto tão maravilhoso com você. Para minhas garotas da The Eras Tour, muito obrigada por sempre me apoiarem com tanta vontade. Nossas lágrimas vão escorrer no dia 30.

E, por fim, quero agradecer a você, que está lendo estes agradecimentos. Se não fosse por você, eu não teria a chance de ilustrar cada uma das eras de Taylor (o que continua parecendo um sonho). Obrigada por apoiar meu trabalho e, consequentemente, me permitir aproveitar e trabalhar ilustrando as coisas que mais gosto.

"I said remember this moment, in the back of my mind."

Aqui você encontra algumas playlists feitas por mim, porque é sempre uma boa hora para colocar um pouco de Taylor no seu dia a dia (e também para mostrar a música dela para outras pessoas, claro). ☺

Este livro foi composto nas tipologias Minion Pro, Mochest Romantic, Mohr, Caveat e Authenia, e impresso em papel Offset 120g na Plena Print.